CUPCAKES

y cake pops

Gourmet

TIKAL

Dirección editorial: Isabel Ortiz
Fotografía culinaria: Hans Geel
Coordinación del proyecto: Ángela García
Estilismo: Lola García, Montse Sanchiz, Alba López
Corrección: Manuel García
Diseño y maquetación: Mari Salinas
Preimpresión: Miguel Á. San Andrés

© SUSAETA EDICIONES, S.A. - Obra colectiva
Tikal Ediciones
C/ Campezo, 13 - 28022 Madrid
Tel.: 91 3009100 - Fax: 91 3009118
www.susaeta.com

D.L.: M-483-mmmu

sumario

Presentación

¿Quién no ha oído hablar de los cupcakes y los cake pops hoy en día? Son esos sorprendentes pastelitos con forma de magdalena los primeros y, como si se tratara de un chupachús, los segundos. Dada su versatilidad, las combinaciones de sabor y, sobre todo, las mil y una formas de decorarlos se han convertido en el último grito en repostería. Los podemos ver en programas de televisión, en prácticamente cualquier cafetería, y sus incondicionales fans inundan Internet con sus sabrosas variantes.

Pero ¿saben cómo elaborarlos, con qué crema cubrirlos y cómo decorarlos según las últimas tendencias? Cupcakes es un libro imprescindible para conocer al detalle todos los secretos y trucos esenciales que nos permitirán elaborar estos deliciosos dulces tan de moda.

Porque no solo encontrará el lector una batería de recetas que supera el centenar y en las que se presentan las decoraciones más impresionantes, sino que también se explica, con prácticos «paso a paso», todas y cada una de las fases de elaboración para que el resultado sea un auténtico éxito: masas, rellenos, coberturas, fondant... y muchas más cuestiones prácticas.

¡Adentrarse en el mundo de los cupcakes y los cake pops nunca ha sido tan fácil!

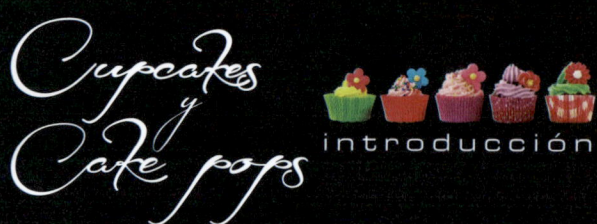

Cupcakes y cake pops: la repostería de los nuevos tiempos

Son muchos los fans que estos deliciosos dulces han conseguido en apenas unos años y, sin duda, se los tienen bien merecidos. Como en otros campos de la gastronomía, en la repostería se innova, se experimenta y se arriesga. Quizá este afán del ser humano por probar lo diferente sea la explicación de por qué unas simples magdalenas —en el caso de los cupcakes— han llegado a convertirse en verdaderas obras maestras de la repostería; o de por qué con unos sencillos y humildes restos de bizcocho se han creado auténticas maravillas en forma de chupachús —en el caso de los cake pops—.

Los *cupcakemaniacs* y *cakepopmaniacs* se cuentan por decenas de miles en todo el mundo. Son aquellas personas que, sin ser profesionales de la repostería, han hallado en estos dulces una manera de dar rienda suelta a su imaginación, llegando a cotas dignas del mejor de los reposteros. Blogs, páginas web, foros... Internet es el medio que muchos de ellos han elegido para mostrar al mundo sus obras, dudas, consejos y, por supuesto, sus recetas. Sin embargo, suele ser difícil hallar compilada la información necesaria para llegar a buen puerto... al menos información que sea de fiar.

Lo que pretende este recetario es arrojar luz sobre todos los aspectos de los cupcakes y los cake pops

que muchas veces no se tienen en cuenta a la hora de ponerse manos a la obra, pues además de incluir más de cien deliciosas recetas, explica detalladamente, paso a paso, todos los secretos, técnicas y trucos para alcanzar la perfección. Es un libro dirigido a todos aquellos que deseen iniciarse en este dulce mundo con todas las garantías, pero también a quienes ya tienen un pie puesto en él, pero quieren conocer más a fondo las técnicas, los productos, los utensilios y las mil y una posibilidades de sabores, aromas y decoración que ofrecen cupcakes y cake pops.

Hemos dividido el libro en tres grandes secciones. La primera explica al detalle —y con prácticos **«paso a paso» ilustrados**— dos cuestiones

básicas para realizar estos dulces. Por un lado, se describen los **utensilios** que hay que tener en cualquier cocina donde se pretendan crear cupcakes y cake pops. Y por otro, se trata uno de los grandes temas íntimamente relacionados con estos dulces: el **fondant**. En este último apartado hallará el lector las claves para poder amasar, teñir, cortar y modelar este ingrediente imprescindible en la realización de cake pops y cupcakes.

La segunda gran sección del libro está íntegramente dedicada a los **cupcakes**. En ella se da cuenta de todos y cada uno de los procesos, técnicas e ingredientes, además de explicar la historia de estos pastelillos, las diferencias entre cupcakes, magdalenas y muffins, y de contar secretos y dar buenos consejos. Con el mismo práctico sistema del «paso a paso», se describen detalladamente las **masas,** las **coberturas** y los **rellenos**. Una selección cuidada, variada e increíblemente tentadora de recetas pone el broche final. Estas se han dividido a su vez en grandes grupos: **cupcakes clásicos, minicupcakes,** carnaval, **Navidad, Halloween, San Valentín y bodas y bautizos.** Con ello se ha pretendido ofrecer al lector un cupcake para cada ocasión.

Acto seguido pasamos a la tercera gran sección del libro: los **cake pops.** Como en el apartado anterior, con una serie de prácticos y útiles «paso a paso» se tratan cuestiones como las **masas** (bizcocho, moldes y máquina) y las **coberturas** (Candy Melts, glasa y la clásica de chocolate), además de ofrecer sabios y prácticos consejos para lograr un resultado de matrícula. Una extensa y variadísima colección de recetas de los mejores cake pops es el colofón a esta sección: clásicos, divertidos, románticos... los hay para todos los gustos, pero siempre con ese toque que los hace diferentes.

Por todo ello, este libro es algo más que un recetario: es un homenaje a la valentía de un sinfín de personas que han apostado por desprenderse de los corsés de la rutina y han tenido el coraje de innovar, probar, fallar y acertar, logrando crear finalmente, a partir de productos sencillos y técnicas tradicionales, unos dulces que tienen el poder de encandilar a todo el mundo. ¡Bienvenidos al asombroso y fascinante mundo de los cupcakes y cake pops!

Los reyes de la repostería del siglo xxi: los cupcakes

Este título no es ninguna exageración: los cupcakes se han encumbrado a las más altas esferas de la repostería moderna, convirtiéndose incluso en los reyes indiscutibles del gastronómico mundial. Aunque quizá no sigan las corrientes más chics, selectas y floridas de la repostería «tradicional», lo cierto es que su magna popularidad los ha empujado a ser uno de los dulces que más se consumen y, sobre todo, más se elaboran en las cocinas y hogares de medio mundo.

producto relativamente nuevo, en comparación con otras preparaciones culinarias. Nos queda por ver cómo surge la idea y de dónde proviene tan peculiar nombre.

Pero ¿dónde nacen estos deliciosos pastelillos?

Para entender mejor el fenómeno cultural que se está desarrollando alrededor de los cupcakes, es imprescindible conocer dónde y cómo surgieron. Aunque ha sido a comienzos del presente siglo cuando han alcanzado la fama mundial de la que gozan hoy en día, debemos remontarnos hasta finales del siglo xviii para encontrar la primera mención que se hace de ellos en un libro de cocina, lo que nos indica que ya hacía tiempo que se preparaban y consumían.

Amelia Simmons es la autora del primer libro de cocina estadounidense; lo escribió en 1796 y lo tituló *American Cookery*. En la obra, que es el primer gran compendio de la nueva cocina de Estados Unidos —por lo que tiene un gran valor para

la gastronomía de este país—, la autora emplea el término *cupcake* para hacer referencia a un pastelillo que se cuece en una taza: *cup,* 'taza'; *cake,* 'pastel'.

La segunda referencia, esta vez con receta incluida, la tenemos en el libro *Seventy-five Recipes for Pastry, Cakes, and Sweetmeats* («Setenta y cinco recetas de pasteles, tartas y dulces»), de la cocinera Eliza Leslie, también estadounidense, publicado en 1828.

Queda del todo claro, por lo tanto, que el lugar de origen de los cupcakes es Estados Unidos y que es un

¿Por qué cupcake?

Durante mucho tiempo, siglos a decir verdad, los únicos moldes en los que se podían preparar tartas y pasteles estaban hechos de algún tipo de metal, y más comúnmente de loza, esto es, cerámica esmaltada. Las magdalenas, los muffins y dulces semejantes se horneaban, por lo tanto, en moldes de loza muy similares a las tazas, e incluso estas se empleaban para tal fin. De ahí que los cupcakes acabaran adoptando en parte el nombre del recipiente en el que se horneaban.

Con el tiempo, fueron surgiendo nuevos moldes, hechos en su mayor parte de aluminio, y con ellos llegó la costumbre de forrarlos con papel de estraza o papel sulfurizado, que se engrasaba con mantequilla, como se hacía con los pasteles. Estos envoltorios rudimentarios fueron mejorándose hasta que ya en el siglo xx comenzaron a fabricarse las cápsulas que

se emplean hoy en día para los cupcakes.

Pero existe otra teoría bien distinta sobre el origen del nombre de estos pastelillos. El caso es que, como sigue siendo habitual hoy en día, las medidas en la cocina anglosajona se expresan en tazas *(cups)* y cucharadas *(tablespoons* o *teaspoons)*. Son muchos los que aseguran que la palabra cupcake deriva de esta forma de medir las cantidades, en tazas, que se empleaba precisamente para elaborar estos dulces.

La revolución del cupcake

A pesar de que ya han pasado muchos años desde que el cupcake se creara y entrara a formar parte de la cultura gastronómica estadounidense, no es hasta comienzos del siglo XXI cuando se produce la verdadera revolución de la «cupcakemanía». Sin duda, este fenómeno debe mucho a las nuevas formas de comunicación de masas. Por un lado, encontramos que uno de los detonantes del triunfo de los cupcakes estuvo en la televisión, y más concretamente se debió al éxito arrollador de una serie: *Sex and*

the City (conocida en España como *Sexo en Nueva York)*, en la que sus protagonistas son auténticas fans de estos pastelillos y no en pocas ocasiones ahogan sus penas en un auténtico festival de cupcakes.

Evidentemente, hacía ya tiempo que los cupcakes neoyorquinos eran conocidos y apreciados por los entendidos, pero son las protagonistas de la serie las que los internacionalizan, con el resultado que todos conocemos.

Por supuesto, debemos tener en cuenta el otro gran impulsor del éxito de los cupcakes: Internet. Puede que sin la fuerza de este medio los cupcakes de las protagonistas de *Sexo en Nueva York* hubiesen quedado en una mera anécdota, pero no fue así. Poco a poco, en los últimos años han ido apareciendo miles, cientos de miles de blogs, páginas web y perfiles en redes sociales en los que los cupcakes son los amos indiscutibles.

Tal es el grado de popularidad que han alcanzado estos pastelillos, que se ha creado un mundo propio a su alrededor: tiendas especializadas, cafeterías

dedicadas a ellos por entero, programas de televisión, concursos... Se imparten cursos presenciales y online en medio mundo, en los que se explican los secretos para poder realizar cupcakes profesionales, y se innova cada día un poco más para conseguir una cobertura perfecta, un bizcocho más esponjoso, una decoración más atrevida y elaborada...

Está claro que los cupcakes han venido para quedarse, que todavía tienen mucho que aportar a la repostería y que tanto su fuerza como su versatilidad no tienen fin. Y si no, pasen y vean.

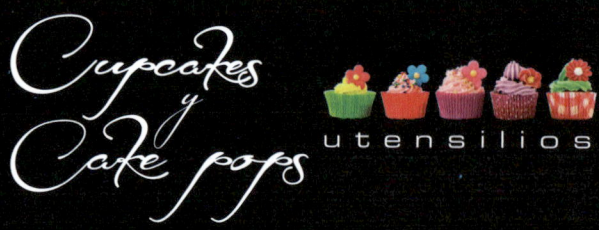

utensilios

Los utensilios para elaborar cupcakes y cake pops

Una de las cuestiones básicas a la hora de ponerse manos a la obra para hacer cupcakes y cake pops es tener al alcance los utensilios necesarios. El mercado está repleto de opciones en este sentido y muchas veces es difícil discernir cuáles son las herramientas imprescindibles y cuáles las secundarias. En esta sección vamos a detallar los utensilios que resultan esenciales para elaborar nuestros dulces.

Los básicos (I): cupcakes y cake pops

1. Batidora eléctrica de varillas (y también manual)

Este utensilio universal para preparar tanto dulces como platos salados es imprescindible en la elaboración de cake pops y cupcakes, por lo tanto hay que tenerla siempre a mano. Hay un sinfín de marcas en el mercado que ofrecen productos de muy buena calidad a precios razonables, aunque conviene ser cautos a la hora de elegir. Hay determinadas marcas que ofrecen prestaciones como la alta velocidad que son imprescindibles para conseguir determinadas coberturas. Es preferible gastar un poco más y asegurarse de llevarse a casa un aparato adecuado.

A pesar de que la batidora de varillas eléctrica es fundamental, no hay que olvidar las varillas de mano, pues son esenciales también en un buen número de pasos en la elaboración de cupcakes y cake pops como, por ejemplo, para mezclar, batir ligeramente o a la hora de incorporar la harina a las masas.

2. Tamizadores

Son imprescindibles para poder preparar las masas de cupcakes y cake pops, pues estas deben resultar finas, suaves y sin grumos. La harina, el cacao y otros muchos ingredientes secos deben pasarse por estos cedazos obligatoriamente si se quieren conseguir resultados profesionales. No obstante, tampoco hace falta gastar mucho en ellos, pues los coladores de malla fina que suele haber en cualquier cocina resultan óptimos.

3. Espátulas y pinceles de silicona

En toda cocina de repostero que se precie no deben faltar al menos un par de espátulas de silicona, así como pinceles del mismo material. En comparación con las espátulas de acero o de madera, las de silicona nos facilitan mucho la tarea de pasar de un cuenco a otro masas, cremas y otras preparaciones de textura similar. Por su parte, los pinceles de silicona resultan mucho más suaves y resistentes que los tradicionales, y tienen la ventaja añadida de que no pierden las cerdas.

Cierto es que hay utensilios especialmente diseñados para hacer cupcakes, como los moldes, pero la mayor parte son adecuados igualmente para elaborar cake pops. Por ello, en primer lugar vamos a mencionar aquellas herramientas básicas que se emplean para hacer tanto unos como otros, así como muchos otros dulces. En segundo lugar, trataremos los utensilios específicos para cupcakes y, por último, aquellos imprescindibles para preparar cake pops.

4. Cuencos

Parece una perogrullada, pero contar en la cocina con unos buenos cuencos y de diferentes tamaños es esencial... y no siempre se dispone de ellos. Es de vital importancia tener al menos un par de cuencos grandes, así como dos o tres de menor tamaño para poder elaborar todas las preparaciones. En repostería es fácil que haya que utilizar unos cuantos cuencos a la vez, así que más vale pecar por exceso que por defecto. Aunque los de cristal son los más adecuados, por las características mismas del material, en la actualidad los de plástico de calidad son muy recomendables, principalmente debido a su menor peso, lo que facilita su manejo.

5. Balanza

En el caso de la repostería se hace imprescindible emplear una balanza para pesar con exactitud los diferentes ingredientes que intervienen en la receta. Pero es que en el caso concreto de cupcakes y cake pops aún se hace más necesario. Puesto que se busca la mayor uniformidad posible en estos dulces, pesar por ejemplo la cantidad de masa empleada para cada unidad es esencial.

Los básicos (II): cupcakes

1. Rejilla para enfriar

Se trata de uno de los utensilios imprescindibles para preparar cupcakes. Tras el horneado de las «magdalenas», estas se deben dejar enfriar a temperatura ambiente. Uno de los impedimentos para que el calor se disipe es la misma cápsula de papel. Si encima no disponemos de una rejilla donde depositar los cupcakes, la superficie compacta donde los coloquemos dificultará aún más que se enfríen, con lo que la masa podría empaparse de humedad, así como la cápsula, y por lo tanto, estropearse.

3. Moldes para cupcakes

Aunque los cupcakes pueden hornearse sobre una bandeja refractaria normal, lo cierto es que no mantendrán todos la misma forma e incluso pueden llegar a deformarse totalmente. Esto es sencillo de evitar empleando bandejas o moldes especialmente creados para contener los cupcakes. El método es fácil: se coloca la cápsula de papel en los huecos del molde y, entonces, se procede a rellenarlos con la masa. De esta forma, cápsula y masa quedan en su sitio, y cuando la preparación crece lo hace hacia arriba, no hacia los lados. En el mercado es posible encontrar bandejas de muy diversos tipos y materiales. Las de silicona son prácticas, aunque al ser un material dúctil no son tan seguras y fáciles de emplear. Las de metal son las más idóneas, pues la rigidez del material asegura un resultado óptimo.

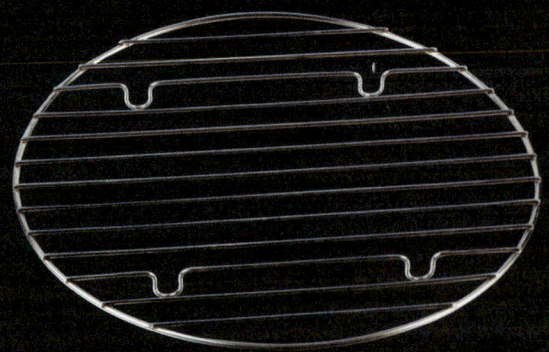

2. Cuchara de helado

Pero para medir la masa. Sí, sin duda resulta una nueva y curiosa forma de dar un buen uso a la olvidada cuchara de helado que guardamos en el fondo de un cajón. Con ella podremos medir exactamente la cantidad de masa que empleamos para nuestros cupcakes, y así no fallar nunca en el tamaño.

4. Cápsulas de papel

Aunque en el mercado las hay de todos los precios —hasta alcanzar mínimos un tanto sospechosos—, lo cierto es que hay que intentar que sean de la mejor calidad posible. El material con el que estén fabricadas, generalmente papel con algún tipo de cola, debe ser muy resistente, pues además de tolerar altas temperaturas debe ser capaz de «contener» la masa, por lo que, si es demasiado fino o de baja calidad, el resultado, después de tanto trabajo, no será satisfactorio.

5. Mangas pasteleras

Son imprescindibles para aplicar a los cupcakes la cobertura elegida. Aquí sí que no valen los inventos caseros si lo que se busca es un resultado profesional. Además de unas buenas mangas (el plural no es en vano), hay que contar con un buen puñado de boquillas de distinto grosor y forma: lisas y estriadas.

Los básicos (III): cake pops

1. Palitos de plástico y brochetas

Los venden en casi cualquier supermercado de un tamaño medio, pero en las tiendas especializadas en repostería los podremos encontrar decorados y de colores, lo que sin duda ayudará a dar el toque profesional a nuestros cake pops. El material aquí es indiferente; tanto madera como plástico suelen dar buenos resultados. Eso sí, deben tener un grosor considerable para poder aguantar el peso de la bola del cake pop.

2. Moldes para hornear

Los moldes para hornear cake pops son utilísimos en la preparación de estos dulces si lo que pretendemos es elaborar la masa de origen, es decir, si no vamos a preparar los cake pops con bizcocho mezclado con alguna clase de crema. Estos moldes están fabricados en silicona, por lo que todo son ventajas. Basta con rellenarlos hasta la medida que indica el fabricante y cerrarlos. Al horno durante unos minutos y obtendremos unos cake pops de fábula, listos para cubrir.

3. Soporte

Puede ser el clásico (y barato) de poliespán
o una simple maceta rellena con cuentas
de colores; el caso es contar con un buen
soporte para dejar secar las coberturas de los
cake pops o simplemente para presentarlos.
Cada fan de estos dulces sin duda habrá
descubierto una manera original de sujetar
sus creaciones, así que solo hay que echarle
un poco de imaginación y seguro que hallamos
la nuestra.

Las masas para cupcakes

¿Quién se resiste a la masa esponjosa, suave, dulce y deliciosa de los cupcakes? Seguramente muy pocos. La masa de cupcakes se puede preparar de infinidad de formas, cada cual tendrá sus secretillos y añadirá un poco más de esto o de aquello hasta lograr su sabor, textura y aroma preferidos. Pero existen unos ingredientes básicos que nunca fallan, como el huevo, la mantequilla, la harina o la levadura, así como unas técnicas precisas. A partir de aquí la imaginación toma las riendas, pues la masa básica admite cualquier otro ingrediente que se nos antoje.

Diferencias con muffins y magdalenas

Uno podría pensar que la masa de cupcakes es la misma que se emplea para preparar, por ejemplo, magdalenas o simples bizcochos, e incluso muffins. Nada más lejos de la realidad, pues cada masa tiene unas características concretas y son dulces con diferentes orígenes. Vamos a centrarnos en las diferencias en cuanto a las masas, que es lo que realmente distingue un dulce de otro.

Y comenzamos por la tradicional **magdalena**. La masa de este clásico se prepara con huevos, azúcar y harina, pero en vez de mantequilla, que es lo usual aunque no estrictamente imprescindible en los cupcakes, se emplea aceite, que puede ser de girasol o de oliva suave. La masa de las magdalenas, además, se bate mucho más tiempo que la de los cupcakes y, por lo general, no se rellenan ni se decoran, ni tan siquiera se añaden trozos de otro ingrediente a la preparación.

En cuanto a los **muffins,** la masa simplemente se mezcla, no se bate, y se parte de los ingredientes secos, a los que se añaden posteriormente los húmedos, a diferencia de los cupcakes, en los que se parte de los húmedos. Los muffins pueden prepararse con masas tanto dulces como saladas. Los cupcakes son tradicionalmente dulces, aunque los salados comienzan a ganar terreno. Los muffins no se rellenan, ni se decoran, pero sí que llevan trozos de algún ingrediente, posiblemente su característica más definitoria.

Los sabores básicos de masa para cupcakes

Para el principiante, lo más adecuado será comenzar su andadura por el mundo de los cupcakes preparando las recetas de masas más sencillas para pasar después a atreverse con otras más complicadas, pero no por ello mejores. A veces lo sencillo es a lo que finalmente acabamos acudiendo, pues además de tener un sabor y aromas que gustan a todo el mundo, su preparación está al alcance de todos, así como los ingredientes que se emplean.

Una de las masas que más se utilizan para cupcakes es la aromatizada con **vainilla,** ya sea en vaina, en pasta, en polvo o líquida. Los entendidos en el tema aconsejan añadirla justo después de incorporar los huevos. Si se emplea procesada en cualquiera de sus formas, la cantidad que se debe añadir es mínima, como mucho 1-2 cucharaditas, pues al estar concentrada su sabor es muy fuerte. Si se usa en

vaina, es decir, natural, esta se debe abrir longitudinalmente y con la punta de un cuchillo raspar las semillas, que es lo que da el aroma. Su sabor sutil y muy aromático encanta a todo el mundo, por lo que nos encontramos ante una apuesta segura.

Otra de las masas más populares para cupcakes es la de **chocolate**, concretamente la de chocolate negro, aunque se puede elaborar con cualquier otra variedad. Se suele emplear en la masa cacao en polvo, que se tamiza junto con la harina y la levadura. No obstante, también se puede utilizar chocolate fundido al baño maría, lo que dará a la masa un extra de humedad, sabor y aroma.

A partir de estas dos masas básicas, se puede incorporar un sinfín de ingredientes, tantos como podamos imaginar. Veremos cómo elaborar cada una de estas masas en detalle, pero antes echemos un vistazo a los ingredientes extra, aquello con lo que se puede enriquecer las masas básicas, algo que haremos muy a menudo.

¿Qué más podemos agregar...?

Las posibilidades son innumerables, ya que las masas básicas de cupcakes son muy versátiles. A la de chocolate le va muy bien cualquier tipo de fruto seco triturado, lo que le dará una consistencia ligeramente distinta, pues será más densa: pistachos, almendras, avellanas, nueces de macadamia... También casa a la perfección con los cupcakes de chocolate blanco cualquier tipo de fruta escarchada, cortada en trozos diminutos, como piña, mango, guindas... solas o combinadas. Otra de las opciones, esta vez para la masa de vainilla (aunque no solo para ella), es atreverse, además de con las frutas tradicionales, con frutas «diferentes», como los arándanos, la papaya, el mango, el coco, las grosellas o las moras, pero frescas, eso sí. Una combinación realmente tentadora.

Para los adultos, podemos aventurarnos con diversos licores, e incluso vinos generosos y cavas, algo que sin duda gustará a los amantes del buen vino. Podemos añadir también unas pasas remojadas en ron o en cualquier tipo de bebida alcohólica en definitiva, como ginebra, whisky o vodka.

Las especias son otro de los grandes grupos de ingredientes con los que podemos experimentar en nuestras masas para cupcakes: canela, clavo, jengibre..., pero también con otras más innovadoras, como la guindilla o la pimienta, que quedan ideales con masas de chocolate.

El café es otra de las opciones, y también el té: capuccino, café solo, té verde o rojo... apuestas quizá más arriesgadas pero muy resultonas.

Para tener en cuenta antes de comenzar:

• Las cantidades que se indican son para realizar 12 cupcakes de tamaño normal.
• Las cápsulas deben rellenarse hasta los dos tercios de su capacidad, pues al cocerse la masa sube y puede llegar a sobrepasar el borde de la cápsula.
• Se puede emplear tanto azúcar moreno como azúcar blanco, e incluso cualquier otro tipo de edulcorante.
• La mantequilla debe estar a temperatura ambiente, así como la leche.
• Se deben tamizar todos los ingredientes secos.
• La harina debe ser solo harina, es decir, no debe llevar ningún tipo de levadura, a no ser que se indique lo contrario.
• Los pasos que se detallan son los que tradicionalmente se siguen para preparar cupcakes, aunque no son los únicos que existen.
• Si se tiene alguna intolerancia, siempre se pueden buscar sustitutos para cualquiera de los ingredientes en tiendas especializadas.

Cupcakes

Masa básica de vainilla paso a paso

Ingredientes para 12 cupcakes:

- 200 g de harina de repostería
- 115 g de mantequilla
- 120 g de azúcar
- 1 cucharadita de esencia de vainilla
- 3 huevos
- 60 ml de leche
- 1 cucharadita de levadura química

PASO 1

Retirar la mantequilla del frigorífico unos minutos antes de comenzar a preparar la receta para que su textura sea suave y se integre bien con el resto de los ingredientes. En un cuenco grande, disponer la mantequilla cortada en trozos y agregar el azúcar. Batir a velocidad baja con la batidora eléctrica de varillas hasta que los dos ingredientes se integren y la textura de la mezcla sea homogénea.

PASO 2

Es conveniente que los huevos también estén a temperatura ambiente, por lo que habrá que sacarlos del frigorífico unos minutos antes de emplearlos. Cascar los huevos y, de uno en uno, agregarlos a la preparación sin dejar de batir a velocidad baja. Hay que esperar a que se integre un huevo antes de incorporar el siguiente.

PASO 3

En un cuenco aparte tamizar la harina junto con la levadura, procurando que la mezcla quede suelta y libre de grumos, con el fin de que la textura final de la masa sea lo más homogénea posible. Una vez tamizadas, agregar la mitad de la mezcla a la preparación de huevos, mantequilla y azúcar, sin dejar de batir hasta que quede completamente integrada. Con una espátula ir recogiendo la masa que quede adherida a las paredes del cuenco.

PASO 4

En ese momento, verter la leche y la esencia de vainilla, y batir hasta que se incorpore. A continuación, agregar el resto de la mezcla de harina y levadura, y mezclar hasta que la textura obtenida sea homogénea y suave. Ya tenemos lista nuestra masa básica de cupcakes para rellenar las cápsulas y hornear.

Cupcakes

Masa básica de chocolate paso a paso

Ingredientes para 12 cupcakes:

- 200 g de harina de repostería
- 100 g de chocolate negro
- 115 g de mantequilla
- 120 g de azúcar
- 2 huevos
- 60 ml de leche
- 1 cucharadita de levadura química

PASO 1

Sacar la mantequilla del frigorífico unos minutos antes de comenzar a preparar la receta para que su textura sea suave y se integre bien con el resto de los ingredientes. Disponer la mantequilla en un cuenco y agregar el azúcar. Batir hasta que la mezcla quede con una textura suave y homogénea.

PASO 2

Los huevos deben estar también a temperatura ambiente, por lo que habrá que retirarlos del frigorífico con la suficiente antelación antes de usarlos. Incorporar los huevos de uno en uno, esperando a que se integre el primero antes de añadir el siguiente. Finalmente, batir bien hasta que la textura de la mezcla sea lo más fina posible.

PASO 3

Llega el momento de fundir el chocolate. Para ello, colocar una cazuela a fuego suave con un poco de agua (con dos dedos de altura será suficiente). Disponer encima un cuenco lo suficientemente alto para evitar salpicaduras de agua y echar el chocolate previamente cortado en trozos lo más pequeños posible. Sin dejar que el agua hierva, fundir el chocolate removiendo a menudo para que se derrita lo más homogéneamente posible. Cuando esté listo, retirar el cuenco del baño maría y dejar que el chocolate se entibie. Agregarlo entonces a la preparación anterior y mezclar bien durante unos minutos hasta que se integre por completo.

PASO 4

Por último, tamizar la harina y la levadura en
un cuenco para que queden libres de grumos.
Ir agregando esta mezcla a la preparación
anterior en tres tandas, mezclando bien antes
de incorporar más. Batir hasta que todo quede perfectamente integrado, procurando
que no queden grumos. Es importante recoger la masa que se adhiere a las paredes del
cuenco mientras se bate con el fin de que toda la masa tenga una consistencia pareja. Ya
está lista la masa básica de chocolate para poder rellenar las cápsulas de papel.

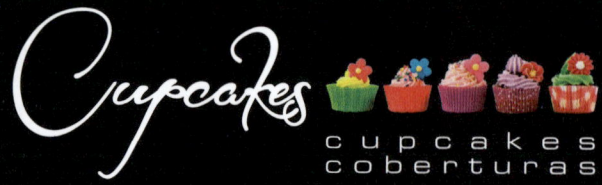

Las coberturas para cupcakes

Son muchas las posibilidades que tenemos a nuestro alcance a la hora de cubrir los cupcakes. Cada una de las coberturas tiene sus propias cualidades y la elección de una u otra depende de muchos factores: gusto, textura, combinación de sabores o decoración. Sin duda, cada uno tendrá su tipo de cobertura predilecta y se decantará por una u otra crema, pero vale la pena dedicar un poco de tiempo a conocer las básicas.

Buttercream: la crema de mantequilla paso a paso

Esta es sin duda una de las coberturas más empleadas en la elaboración de cupcakes. Aunque suele denominarse con su nombre en inglés, *buttercream*, es fácilmente traducible como «crema de mantequilla». Los ingredientes básicos son, por supuesto, mantequilla y azúcar glas, que se baten hasta lograr una textura consistente y muy suave. Las cantidades de uno y otro ingrediente deben ser equitativas, es decir, la misma cantidad de mantequilla que de azúcar glas, aunque si preparamos nuestros cupcakes en verano, es mejor aumentar la cantidad de azúcar glas en un 25 %, para que la crema aguante mejor. No hay que olvidar la leche, que, aunque no es imprescindible, facilita la operación de batido, pues es el ingrediente que «hidrata» la crema.

Se debe trabajar la preparación con una batidora de varillas o con un robot de cocina, pues si se bate a mano el trabajo es demasiado duro, aunque sin duda el resultado será igual de bueno. Es imprescindible que la mantequilla esté a temperatura ambiente, por lo que siempre hay que sacarla del frigorífico unos 20 minutos antes de comenzar a preparar la crema, y lo mismo vale para la leche. Por supuesto, el azúcar glas debe tamizarse, pues de esta forma se eliminan posibles grumos. Además de la ya mencionada batidora de varillas, es necesario tener un cuenco grande y armarse de paciencia: en total hay que estar batiendo unos 7 minutos.

La receta que mostramos a continuación es para una buttercream básica. No obstante, hay mil y una variedades, en función de los «extras» que se añadan a la crema: chocolate, colorantes, aromas, pastas de fruta...

Receta básica
de buttercream

Ingredientes para cubrir 12 cupcakes:

- 250 g de mantequilla a temperatura ambiente
- 250 g de azúcar glas
- 4 cucharadas de leche

PASO 1

Para empezar, sacar la mantequilla y la leche del frigorífico unos 20 minutos antes de comenzar con la receta. Esto es sumamente importante, pues la mantequilla debe estar a temperatura ambiente para poder elaborar una buena buttercream. Tamizar el azúcar glas en un cuenco, procurando que no quede ningún grumo. Entonces, agregar la mantequilla cortada en trozos y verter la leche.

PASO 2

Con la batidora eléctrica de varillas, comenzar a batir la preparación a velocidad baja durante 1 minuto, hasta que todos los ingredientes se integren. Empezar a batir poco a poco es muy importante, pues de esta manera evitamos que la mantequilla emulsione. En este paso es fundamental asegurarse de que no quedan grumos y de que la crema tenga una textura lisa, suave y homogénea.

PASO 3

A continuación, seguir batiendo 5 minutos más a velocidad máxima, hasta que la crema de mantequilla tenga una consistencia similar a la de un helado. Cada cierto tiempo hay que devolver al centro del cuenco la crema que se ha pegado en las paredes para lograr que toda tenga la misma consistencia. De lo contrario, nos podemos encontrar sorpresas al comprobar la textura de la buttercream. Una espátula de silicona nos irá de maravilla para hacer esto. Ya tenemos nuestra cobertura lista para introducirla en la manga pastelera.

Merengue suizo paso a paso

Una de las coberturas más difíciles de hacer, el merengue suizo, es, no obstante, una delicia que no hay que dejar de elaborar, aunque sea una aventura lograr que quede perfecto. Se suele emplear en un sinfín de recetas de repostería, desde tartas a dulces finos y muy elegantes. A nuestros cupcakes, el merengue suizo les aporta una cobertura ligera, suave, esponjosa, menos pesada que la buttercream.

Los ingredientes principales del merengue suizo son claras de huevo y azúcar común, aunque hay quien emplea azúcar glas;

se cuecen al baño maría y se baten hasta lograr una consistencia firme. Hay otros ingredientes, pero no son imprescindibles: algunos reposteros añaden algún tipo de ácido (zumo de limón) o cremor tártaro, para que el merengue tenga una consistencia más dura. Hay quien agrega esencia de vainilla para dar al merengue un aroma más pronunciado. Evidentemente, se puede aromatizar y también teñir, así que las posibilidades del merengue en cuanto a la decoración son muchas.

Existe una versión del merengue suizo a la que se le añade mantequilla, por lo que resulta una especie de buttercream más ligera y suave. Esta versión recibe el nombre en inglés de *Swiss meringue buttercream*. Se elabora de la misma forma que el merengue suizo, pero en el momento en el que las claras

comienzan a formar picos, se incorpora mantequilla cortada en dados, poco a poco, sin dejar de batir.

Los utensilios necesarios para preparar merengue suizo son los siguientes: un cuenco grande muy limpio y seco; una cazuela ancha para cocer al baño maría; la batidora eléctrica de varillas; y un termómetro, totalmente imprescindible. La dificultad del merengue suizo reside en lograr la temperatura adecuada de las claras, que no debe pasar de los 60-65 °C, pues de lo contrario se coagulan y el merengue se corta. De ahí que el uso del termómetro sea inevitable, sobre todo las primeras (o quizá unas cuantas) veces que se elabora esta exquisitez. Otro utensilio útil, aunque no imprescindible, es el soplete de cocina, que se puede emplear para «tostar» el merengue. Otra opción es introducir los cupcakes una vez cubiertos con el merengue en el horno durante unos minutos con la función de grill.

Receta básica de merengue suizo

PASO 1

Es importante sacar las claras del frigorífico unos minutos antes de comenzar a preparar el merengue para que estén a temperatura ambiente, es decir, a la misma temperatura que el azúcar.

En un cuenco grande muy limpio y seco, verter las claras. Poner el cuenco al baño maría y agregar el azúcar. Batir con las varillas de mano poco a poco para que el azúcar se vaya disolviendo. Tomar la temperatura con el termómetro: la mezcla no debe pasar de los 60-65 °C.

PASO 2

Vigilando que la temperatura sea la correcta en todo momento, cuando el azúcar se haya disuelto por completo, retirarlo del baño maría. Ahora, con la batidora eléctrica de varillas, batir la mezcla a velocidad alta durante 8 minutos, hasta que se empiecen a formar picos. Es importante recuperar la crema que se quede pegada a las paredes y reintegrarla; una espátula de silicona es el utensilio ideal para ello.

PASO 3

Seguir batiendo unos 2 minutos más a la misma velocidad, hasta que la consistencia del merengue sea muy firme. Esto se comprueba cogiendo un poco de merengue con la espátula de silicona: el merengue debe quedar en su sitio, es decir, no debe escurrirse. Nuestro merengue suizo está listo para decorar los cupcakes.

Esta cobertura resulta deliciosa, pues la combinación de queso crema con azúcar glas le da un toque extra de sabor. El queso ideal es el típico para untar que encontramos en los supermercados, generalmente en tarrinas. No obstante, otros tipos de queso con la misma consistencia son igualmente válidos, como por ejemplo el mascarpone, el cremoso queso italiano que se emplea para elaborar el famoso tiramisú. El mascarpone tiene algunas ventajas adicionales para preparar este tipo de cobertura, pues su densidad y textura son de una calidad superior a la típica crema de queso. Este frosting es una cobertura ideal para los días más calurosos del año, pues al no contener mantequilla, se conserva mucho mejor a pesar de las altas temperaturas.

Para preparar esta cobertura necesitaremos el queso (que debe estar muy frío) y azúcar glas, que se baten hasta lograr una crema de textura firme, suave y más ligera que la socorrida buttercream. No obstante, hay quien prepara una versión más contundente añadiéndole cierta cantidad de mantequilla al queso y al azúcar, con lo que se consigue una cobertura a medio camino entre una y otra. Esta versión se conoce como *cream cheese buttercream,* o lo que es lo mismo: crema de queso con mantequilla.

Los utensilios necesarios para hacer un frosting de queso son un cuenco grande y una batidora de varillas. Si se quiere dar vida a la cobertura, se le pueden añadir aromas, colorantes o cualquier otro ingrediente.

Frosting de queso crema

Ingredientes para cubrir 12 cupcakes:

- 400 g de queso crema
- 100 g de azúcar glas

PASO 1

El queso crema debe estar muy frío para preparar esta cobertura, por lo que es importante que pase en la parte más fría del frigorífico al menos 2 horas.

Echar el queso crema en un cuenco grande y batir con la batidora de varillas a velocidad baja durante 1 minuto, hasta que la textura sea homogénea. En este paso no se trata de emulsionar el queso, sino de mezclarlo bien, por lo que hay que batir con cuidado.

PASO 2

En un cuenco aparte, tamizar el azúcar glas, procurando que no quede ningún grumo. Incorporarlo poco a poco al queso sin dejar de batir a velocidad baja. Es importante reintegrar la crema que quede adherida en las paredes del cuenco, usando para ello una espátula de silicona. El azúcar debe quedar totalmente integrado y la textura de la crema debe ser suave, uniforme y lisa.

PASO 3

Por último, batir durante 1 minuto más a velocidad alta para que la crema tome consistencia, pero no demasiado, pues se podría calentar y la textura quedaría un poco «floja». Ya está listo el frosting para introducirlo en la manga pastelera.

Frosting de nata montada paso a paso

Esta es la cobertura más tradicional de cuantas hemos descrito, pues se trata de la típica nata montada con azúcar glas. Se emplea en todo tipo de dulces y en los cupcakes queda perfecta, gracias a su consistencia, pues es ideal para emplear con manga pastelera.

Los ingredientes, pues, son nata líquida y azúcar glas. La nata debe estar muy fría (pero mucho), por lo que conviene guardarla en la parte con menor temperatura del frigorífico durante el tiempo necesario. Como siempre, es preferible tamizar el azúcar glas, lo que garantizará que la textura de la crema sea perfecta.

Los utensilios necesarios para la cobertura de nata montada son, por un lado, un cuenco grande, que debe estar también muy frío, por lo que es recomendable introducirlo en el congelador unos 10 minutos antes de comenzar a montar la nata y depositarlo sobre otro cuenco con cubitos y agua para mantener la temperatura; y por otro, una batidora eléctrica de varillas.

A este frosting se le pueden añadir aromas, frutas, colorantes o chocolate fundido y mantequilla (en tal caso pasa a llamarse **ganache**), con el fin de dar más «alegría» a los cupcakes, algo importantísimo en estos dulces.

Evidentemente, las coberturas que hemos presentado en este apartado son solo una muestra de las infinitas posibilidades que existen para cubrir los cupcakes. El lector encontrará múltiples variantes en las páginas que siguen, en las que hemos seleccionado una buena muestra de opciones para todos los gustos.

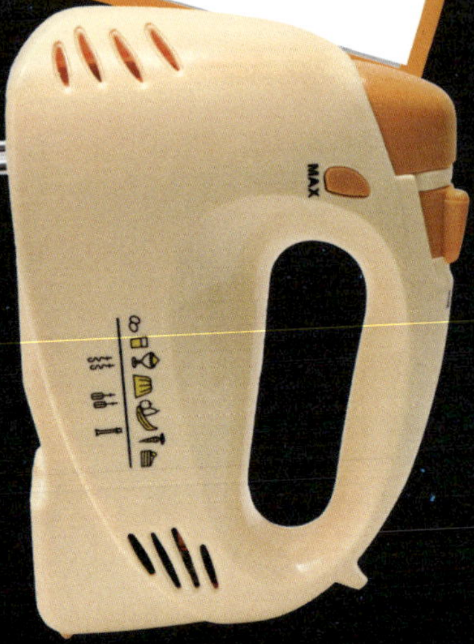

Frosting de nata montada

Ingredientes para cubrir 12 cupcakes:

- 250 ml de nata líquida
- 100 g de azúcar glas
- cubitos de hielo

PASO 1

En un cuenco grande, disponer cubitos de hielo y cubrirlos con agua. Dejar que el agua se enfríe bien. Esto nos servirá para mantener a temperatura muy baja la nata líquida mientras la montamos, algo de vital importancia para lograr un buen resultado. Poner otro cuenco, muy limpio y seco, encima del cuenco con los cubitos. Verter la nata líquida, que también deberá estar muy fría.

PASO 2

Tamizar el azúcar glas para que quede suelto y sin grumos. Comenzar a batir la nata líquida con la batidora eléctrica de varillas a velocidad alta durante unos minutos. Cuando empiece a montarse, es el momento de incorporar el azúcar glas, poco a poco y sin dejar de batir. Es importante recuperar durante el batido la nata que queda adherida en las paredes del cuenco con una espátula de silicona.

PASO 3

Seguir batiendo durante unos minutos más hasta que la nata quede completamente montada, es decir, cuando en la superficie de la nata queden dibujadas las marcas de la batidora, sin que se desmorone. Ya está lista la cobertura de nata montada para introducirla en la manga pastelera.

El fondant

Uno de los ingredientes que más ha contribuido al éxito de los cupcakes y los cake pops es el fondant. Con él la imaginación no tiene límites a la hora de decorar, y no solo cupcakes y cake pops, sino también tartas, galletas... Por su elasticidad, versatilidad y facilidad para teñir de infinidad de colores, esta pasta hecha a base de azúcar y agua ha supuesto una revolución en el mundo de la repostería casera, pues ha puesto al alcance de todos decoraciones que hasta ahora quedaban en manos de los profesionales. El profundo conocimiento del fondant —su elaboración, amasado, teñido y modelado— ha llegado a ser imprescindible para todo aquel que pretenda considerarse un buen repostero.

La palabra *fondant* proviene del francés, lengua en la qué significa literalmente «que se funde». Esta característica responde a lo que ocurre con esta pasta en contacto con el paladar: se derrite. Su origen se remonta a Francia, a la época renacentista, y se debe a la escasez: los reposteros de la época no tenían suficiente presupuesto para adquirir la cantidad

de azúcar necesaria para preparar sus dulces. Aquí la imaginación desempeñó un papel muy importante, pues estos profesionales no tuvieron más remedio que probar e improvisar. Su primer «experimento» fue elaborar una mezcla de azúcar y almendra molida —una especie de mazapán—, que transformaban en pasta, y con ella decoraban sus pasteles.

Poco a poco esta pasta fue afinándose,

reinterpretándose y desembocó finalmente en lo que conocemos hoy en día como fondant. Francia, pues, es la madre de esta delicia y, como infinidad de productos y técnicas culinarias galos, el uso del fondant se extendió más allá de sus fronteras. Las primeras cocinas en adoptarlo, ya durante el siglo XX, fueron las europeas, y del Reino Unido, donde cuajó especialmente, fue viajando a las antiguas colonias: Australia y Estados Unidos, principalmente.

Es en este último país donde se gesta la revolución del fondant que se produce en la repostería a finales del siglo XX y comienzos del XXI. En un primer momento son las tartas las que se llevan la palma en el uso del fondant, pero poco tardan en apuntarse otros dulces, como galletas, cupcakes y cake pops, entre otros.

En un contexto en el que Internet se usa en medio mundo y están de moda la cocina casera, los blogs y las páginas web dedicadas a la gastronomía, el éxito del fondant estaba asegurado. Poco a poco otros dulces le han ido ganando la partida a las tartas (aunque siguen siendo todo un fenómeno mundial): cupcakes y cake pops, y también cake balls, han cogido el relevo del protagonismo en el mundo del fondant y en la actualidad somos testigos de la revolución que ha supuesto esta humilde pasta que se convierte en arte en las manos de millones de personas que la emplean para decorar sus dulces.

Tipos de fondant

Podemos encontrar fondant en diferentes estados: en primer lugar, el **líquido,** que se emplea en la elaboración de tartas como relleno o recubrimiento, y se elabora con agua, azúcar y una serie de ingredientes aglutinantes, cociéndolos a una temperatura muy elevada. Al extenderlo, este tipo de fondant se cristaliza y su acabado es liso y brillante; el resultado es una deliciosa capa extradulce.

Otro tipo de fondant es el que lleva el nombre de **elástico**. Se prepara con los mismos ingredientes que el líquido y también se somete a elevadas temperaturas, pero en este caso el resultado se amasa y al hacerlo se endurece, con lo que se obtiene una pasta final que se emplea para recubrir tartas, por ejemplo, aunque tiene otros muchos usos en repostería.

El tercer tipo de fondant es el que se emplea en la actualidad mayoritariamente. Responde al nombre de **fondant extendido** (o masa americana) y se elabora en frío, lo que es una gran ventaja. Por muchas razones, este es el fondant que ha triunfado sobre los demás. Pero primero veamos de qué está hecho. Al igual que sus hermanos, la base de este fondant es agua, azúcar y una serie de aglutinantes. La diferencia estriba principalmente en el tipo de aglutinantes que se emplean. Además de glucosa y gelatina, en el fondant extendido se utiliza CMC (carboximetilcelulosa), un producto químico que tiene propiedades espesantes, lo que evita tener que exponer al calor los demás ingredientes del fondant. Existe una alternativa natural a este espesante, una goma que se extrae de un árbol llamado *Astragalus gummifer*. Se comercializa bajo muchas marcas (Goma Tragacanto, Tilosegum Tex o Goma Tex, entre otras) y cada vez está más presente en las tiendas especializadas en repostería y, por supuesto, es muy fácil encontrarlo en Internet.

Cupcakes
el fondant

Ingredientes
para 1 kg de fondant
Dificultad: alta
Tiempo: 40 minutos

- 1 kg de azúcar glas
- 7 láminas de gelatina neutra
- 2 cucharadas de glicerina
- 2 cucharadas de glucosa
- 2 cucharaditas de CMC
- 2 cucharadas de mantequilla
- 6 cucharadas de agua fría
- esencia de vainilla

Fondant extendido (masa americana)

PASO 1

Tamizar el azúcar glas. Es importante señalar que este es preferible comprarlo y no hacerlo en casa a partir de azúcar normal, pues en este siempre quedan granos de azúcar sin moler, por lo que el fondant podría tener cierta textura arenosa. Agregar al cuenco de azúcar glas el CMC y mezclar hasta que todo quede integrado.

PASO 2

Verter el agua en un cuenco aparte puesto al baño maría junto con la gelatina y calentar hasta que se haya disuelto. Mezclar bien y agregar la glucosa, la mantequilla y la glicerina. Remover y calentar hasta que la mantequilla se funda y todo quede integrado. Si se desea agregar algún tipo de aroma, como esencia de vainilla, este es el momento.

PASO 3

Añadir a la preparación de mantequilla y aglutinantes la mitad del azúcar glas con CMC. Mezclar bien con una espátula hasta que todo quede completamente integrado. Agregar entonces poco a poco el resto del azúcar glas y seguir trabajando la preparación con la espátula. Cuando la masa deje de pegarse a las paredes del cuenco, es el momento de comenzar a trabajarla con las manos. Es preferible, no obstante, hacerlo en el cuenco hasta que esté bastante trabajada y tenga una textura suave y lisa.

PASO 4

Cuando la masa adquiera una consistencia firme, retirarla del cuenco y amasarla sobre la superficie de trabajo previamente espolvoreada con azúcar glas. Seguir amasando hasta que la pasta de fondant tenga la textura adecuada: elástica, homogénea y que ceda a la presión de los dedos sin dificultad, parecida a la de la plastilina. El fondant ya está listo para usarse.

Fondant de nubes

Ingredientes para 12 cupcakes:

- 250 g de nubes o malvaviscos
- 500 g de azúcar glas
- 1 cucharada de mantequilla
- 1 cucharada de agua

PASO 1

Para comenzar, hay que fundir las nubes de azúcar (o malvaviscos). Es recomendable que sean de color blanco, porque de esta forma el fondant luego se podrá teñir. Se pueden fundir en un cazo al baño maría o en el microondas. Antes de nada, habrá que untar con un poco de mantequilla el cuenco en el que se vayan a fundir, para evitar que se peguen, y agregar una cucharada de agua. Si se hace en el microondas, bastan 3 minutos; si se funden al baño maría, se tarda un poco más.

PASO 2

A medio fundir, retirar el cuenco del microondas y remover bien para que el calor se distribuya uniformemente. Al baño maría también habrá que ir removiendo de vez en cuando. Una vez fundidas las nubes, retirar el cuenco de la fuente de calor e ir incorporando el azúcar glas poco a poco, esperando a que se integre para añadir más. Trabajar primero con una espátula y, cuando ya no se pegue a las paredes, amasar con las manos en el mismo cuenco.

PASO 3

Una vez incorporado todo el azúcar, seguir trabajando el fondant en la superficie de trabajo previamente espolvoreada con azúcar glas. Amasar durante unos minutos enérgicamente para que la pasta quede totalmente lisa y suave, sin grumos. Esto es sumamente importante, pues si queremos que las figuras o las láminas de fondant tengan una superficie lisa, la masa debe ser perfecta.

PASO 4

Una vez amasado el fondant, ya se puede utilizar. En este caso no ha hecho falta incluir ningún aroma, pues las nubes de azúcar ya tienen el suyo propio. No obstante, si se desea potenciar con aroma de nube o de cualquier otro tipo, el momento para añadirlo es antes de comenzar a incorporar el azúcar glas.

Cupcakes
el fondant

Teñir el fondant: con qué colorantes y cómo proceder

Una vez que hemos hecho nuestro fondant (o lo hemos adquirido ya elaborado), llega el momento de teñirlo. Sí es verdad que existen fondants de muchos colores en el mercado, pero es importante saber cómo teñirlo, pues no podremos encontrar todos los colores y, algo que ocurre mucho más a menudo, quizá busquemos un tono que definitivamente no se comercializa o en el preciso momento de ponernos manos a la obra con nuestros cake pops o cupcakes, no lo tengamos a mano. Además, una vez que se ha adquirido cierta pericia, teñir fondant resulta muy fácil.

Echemos un vistazo antes que nada a los tipos de colorantes alimentarios que encontramos en el mercado:

• COLORANTE EN POLVO. Se trata de un colorante seco que no se emplea mucho para teñir fondant, pero que resulta muy práctico para pintar figuritas. Esto se hace con ayuda de un pincel y mezclando el colorante con una solución de alcohol apta para el consumo humano.

• COLORANTE LÍQUIDO. Con una textura muy acuosa, estos colorantes sirven para teñir fondant, pero precisamente por esta característica no son los más idóneos, pues pueden llegar a modificar la consistencia del fondant.

• COLORANTE EN GEL. A medio camino entre los líquidos y los colorantes en pasta, este tipo es adecuado para teñir fondant. Se comercializa en prácticos dosificadores, lo que permite controlar fácilmente la cantidad de colorante que se agrega.

• COLORANTE EN PASTA. Este es el preferido de la mayor parte de los reposteros, pues es el más concentrado de todos, lo que permite conseguir tonos realmente vivos y brillantes.

38

PASO 1

En una superficie muy limpia y seca, y protegiéndonos las manos con guantes, pues los colorantes nos mancharán la piel y cuesta mucho trabajo quitarlos del todo, amasar el fondant durante varios minutos, hasta que se convierta en una pasta elástica, lisa y suave. No estará listo para teñir hasta que adquiera esta consistencia, por lo que vale la pena detenerse el tiempo suficiente en este paso.

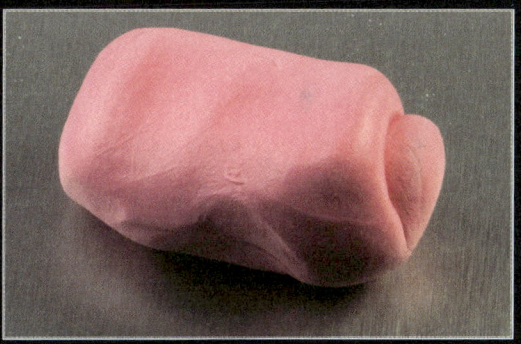

PASO 2

Cuando la masa esté lista, proceder a agregar la cantidad de colorante necesaria para lograr el tono escogido. En función del fabricante, los colorantes tendrán más o menos poder de coloreado, por lo que vale la pena probar unos cuantos y anotar la cantidad aproximada de colorante que aplicamos cada vez. Para extraer el colorante del bote, conviene emplear un palillo o una brocheta cortada por la mitad. Luego habrá que desechar este utensilio, pues nos podría manchar los otros colorantes.

PASO 3

Una vez agregado el colorante, es el momento de comenzar a amasar. Conviene también hacerlo con guantes, por la misma razón que se ha comentado anteriormente. El proceso de amasado para integrar de manera uniforme el colorante puede ser largo y pesado, pero es imprescindible, por lo que habrá que armarse de paciencia. El color debe quedar totalmente repartido por la masa de manera uniforme, de modo que no hay que dejar de amasar hasta que, al abrir la pasta con los dedos, no quede ni un trocito de pasta de color blanco.

PASO 4

Nuestro fondant teñido ya está listo para modelarlo. Es muy importante que tras teñir un trozo de fondant limpiemos a fondo la superficie de trabajo antes de proceder a teñir con otro color, pues el segundo podría mancharse. Más vale estar atentos a estos pequeños detalles, que son de vital importancia para que el resultado de la decoración sea el deseado.

Si se emplea otro tipo de colorante, el procedimiento es el mismo, lo único que cambia es la forma en la que se extrae de su envase y se dispone encima del fondant.

Cupcakes
el fondant

Cómo estirar, cortar y dar forma al fondant

Tras haber aprendido a elaborar fondant casero y saber cómo teñirlo, llega el momento de manipularlo. Modelar fondant es todo un arte; la práctica y la experiencia son la clave para dominar la técnica. Pero también aquí entra en juego algo aún más importante si cabe: manipular el fondant no deja de ser un juego. Si nos lo tomamos como se lo toman los niños cuando juegan con plastilina (¡tiene hasta la misma textura!), seguro que gozaremos con el proceso y sin duda daremos rienda suelta a la imaginación, fundamental a la hora de crear las mejores y más espectaculares decoraciones.

Igual que en cualquier otro proceso culinario, hay que seguir una serie de normas, pasos que se deben respetar para que el resultado sea óptimo. Veamos, entonces, paso a paso cómo estirar, cortar y dar forma al fondant, algo que será de gran utilidad para realizar las decoraciones de cupcakes y cake pops que se proponen en este libro, así como otras que el lector se anime a realizar.

Una rosa de fondant

Para hacer estas rosas necesitaremos fondant, un rodillo, una bolsa de plástico para uso alimentario y azúcar glas o maicena.

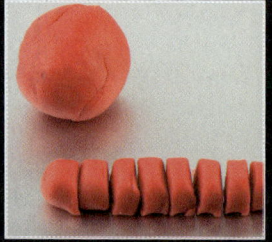

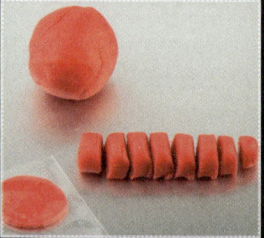

Amasar el fondant del color elegido sobre la superficie de trabajo hasta que esté listo para manipularlo. Modelar un churro de unos 20 cm de largo y de un diámetro de 2 cm aproximadamente. A continuación, cortar este churro de la siguiente forma: 10 trozos pequeños y 1 un poco más grande.

Tomar el trozo más grande de fondant e introducirlo en la bolsa de plástico. Aplastarlo con los dedos o con un rodillo hasta conseguir una lámina fina, pero no demasiado, pues al manipularla se podría romper. Una vez estirada, retirar la lámina de la bolsa y con los dedos, enrollarla sobre sí misma dándole a la vez forma de capullo de rosa, tal como se muestra en la foto.

Para modelar los pétalos, introducir en la bolsa de plástico, uno por uno, los otros 10 trozos de fondant e ir uniéndolos, uno a uno, al capullo de rosa que ya está preparado. Hay que ir dándoles la forma típica de los pétalos de rosa, es decir, un poco abiertos al final. Para ello, al estirarlos dentro de la bolsa resulta muy práctico incidir con el rodillo en una de las mitades del pétalo, para que esta quede más fina que la otra mitad.

Una vez colocados todos los pétalos, la parte de debajo de la rosa resultará demasiado gruesa y larga, por lo que habrá que retirar con mucho cuidado este exceso de fondant. Después, dar forma redondeada a la base de la rosa, imitando una flor de verdad. Ya solo resta dejar secar la rosa durante el tiempo necesario para que el fondant quede bien firme.

Antes de atrevernos a hacer cualquier floritura con fondant, lo primero es aprender a manipularlo. Para ello, es necesario tener una superficie de trabajo limpia, seca y lisa, un rodillo de amasar y azúcar glas o maicena, además de un cuchillo bien afilado y diversos cortadores con distintas formas (flores, círculos, estrellas, etc.).

PASO 1

Con el fin de que el fondant no se pegue en la superficie de trabajo (bien limpia y seca), hay que espolvorearla con un poco de azúcar glas o maicena, pero sin abusar, pues podríamos provocar que el fondant absorbiera demasiado azúcar o maicena y su textura se volviese quebradiza, algo que ciertamente no nos interesa. Comenzaremos por amasar el fondant como si se tratara de cualquier otra masa. Hay que emplear el tiempo necesario hasta que adquiera una textura maleable, blanda, lisa y suave. Si se va a emplear una gran cantidad de fondant, lo mejor es realizar este paso por tandas, es decir, amasar trozos de fondant en vez de la cantidad completa. Es obligatorio desprenderse de anillos o pulseras, pues podríamos marcar el fondant mientras amasamos.

PASO 2

Para estirar el fondant podemos emplear tanto un rodillo de madera como uno de plástico, aunque es cierto que son más recomendables estos últimos, pues su superficie es más lisa. Si se emplea uno de madera, hay que adquirir uno de calidad de una madera noble, como el boj, pues los baratos suelen tener la superficie astillada y rugosa, lo que no conviene en absoluto.

PASO 3

Una vez logrado el grosor adecuado de la lámina de fondant, llega el momento de cortarlo. Existen en el mercado un sinfín de herramientas para cortar y modelar fondant. En este caso, vamos a proceder con un cortador, una de las maneras más rápidas y fáciles de conseguir adornos impresionantes. Colocar el cortador sobre la lámina de fondant y ejercer presión sobre el mismo, de forma que atraviese la lámina. Con mucho cuidado, retirar el cortador y con suma delicadeza, sacar la pieza de fondant de este. Hay que dejar secar la pieza antes de poder emplearla, pues en este momento el fondant está húmedo.

Cupcakes

Cupcakes rellenos

Los rellenos de cupcakes pueden llegar a ser tan importantes o más que la cobertura o la decoración, pues tienen algo que estas no poseen: el factor sorpresa. Todos vemos lo que está en la superficie, pero hasta que no le damos el mordisco de gracia a nuestro cupcake no tenemos ni idea de la delicia que oculta en su interior.

Hay básicamente tres formas de rellenar cupcakes: una, retirando parte de la masa ya cocida y volviendo a tapar el cupcake; dos, inyectando el relleno con la masa cocida; y tres, con la masa aún cruda. Es evidente que el resultado en función de la técnica de rellenado es totalmente distinto. También deberemos tener en cuenta que habrá algunas restricciones en cuanto al tipo de relleno: con la masa ya cocida podemos rellenar nuestros cupcakes con cualquier cosa que se nos antoje, aquí no hay restricciones; sin embargo, con la masa en crudo, deberemos tener en cuenta si aquello que usemos como relleno soportará una alta temperatura cuando cozamos los cupcakes en el horno, por lo que no todo es válido.

Rellenar inyectando

Con esta técnica cualquier relleno vale; siempre que no deba pasar por el horno para cocerse, claro. Pero hay restricciones en cuanto a la textura y la densidad del relleno, pues, como se verá en el paso a paso, el tipo de boquilla que se emplea en la manga que lleva nuestro relleno es muy fina, pues debe introducirse en la masa del cupcake sin romperla, de ahí el nombre de la técnica: inyectado, como si fuese una especie de jeringa. Por lo tanto, con este método nos vale cualquier tipo de relleno fluido: dulce de leche, chocolate fundido, nata montada, crema pastelera, mermelada, etc. Sin embargo, no valen los sólidos, como trozos de fruta, frutos secos, etc.

Lo que necesitaremos para rellenar nuestros cupcakes inyectándolos es una manga pastelera con una boquilla de fina a muy fina, y el relleno, claro está. También se pueden emplear jeringas especiales de repostería, sobre todo para los jarabes y los rellenos muy fluidos. Veamos al detalle cómo rellenar nuestros cupcakes con esta técnica:

PASO 1

Para comenzar, debemos rellenar la manga pastelera o la jeringa de pastelería con el relleno escogido. Es de vital importancia tener en cuenta la densidad y la textura del relleno al elegir el grosor de la boquilla de la manga pastelera: a mayor densidad, es preferible elegir una boquilla un poco más ancha; y al revés, cuanto más fluido es el relleno, más estrecha será la boquilla de la manga. La jeringa se debe dejar solo para rellenos muy fluidos, como coulis, caramelos o siropes.

PASO 2

El siguiente paso consiste en insertar la manga o la jeringa en la superficie del cupcake, introduciendo más o menos la punta de la boquilla o la jeringa, pero siempre vigilando que no llegue a tocar la base del cupcake. También se pueden rellenar por la parte inferior, retirando la cápsula de papel previamente. Asimismo, es posible inyectar varias veces, con lo que el relleno se repartirá más uniformemente por toda la masa.

PASO 3

A continuación, retirar la boquilla o la jeringa con mucho cuidado de que la masa no se rompa, lo que estropearía el aspecto de nuestro cupcake. Si ha salido un poco de relleno a la superficie de la masa, alisar con una llana o una espátula para dejar la superficie del cupcake lo más lisa posible.

Rellenar retirando masa cocida

Esta técnica nos permite un relleno de cualquier textura, en el que podemos incorporar todo tipo de ingredientes, siempre y cuando el volumen total del relleno no sea exagerado, pues corremos el riesgo de que al primer mordisco el cupcake se nos desmorone, algo que sin duda nadie desea.

Hay dos maneras de rellenar con esta técnica: usando un descorazonador de manzanas o cortando parte de la masa con un cuchillo. La primera es mucho más fácil, limpia y con un acabado mejor. La segunda, si se tiene mucha práctica, nos permite controlar mejor la cantidad de relleno, pues en función del tamaño del hueco que practiquemos, más o menos relleno podremos poner. En cualquier caso, aconsejamos comenzar por la técnica del descorazonador. A medida que nos volvamos más expertos, podremos atrevernos a más. Veamos en detalle esta técnica:

PASO 2

Rellenar la manga pastelera con el relleno escogido, teniendo en cuenta la densidad y la textura a la hora de escoger la boquilla. Introducir la boquilla en el agujero practicado en el cupcake y rellenar. Hay que introducir la cantidad justa de relleno para que el aspecto del cupcake sea el mejor posible.

PASO 1

En primer lugar, con la ayuda de un descorazonador, practicar una incisión en el centro de la superficie del cupcake, retirando parte de la masa. No hay que profundizar demasiado, ya que de tocar la base del cupcake perderíamos el «fondo» que sostendrá el relleno. A continuación, retirar el trozo de masa del descorazonador y reservarlo.

PASO 3

Por último, volver a tapar el hueco con la masa retirada. Si no cupiera toda la masa que se ha sacado —que es lo que suele pasar, pues el relleno no se ha esparcido lo suficientemente en el bizcocho—, retirar parte de la masa extraída. Por otro lado, si el relleno se desbordase al tapar con el trozo de masa, alisar la superficie del cupcake con una llana o una paleta.

Cupcakes
cupcakes rellenos

Para rellenar con la masa en crudo

Esta es quizá la técnica más restrictiva en cuanto a tipos de relleno. Aunque es posible rellenar más cantidad que con las técnicas en seco, deberemos tener en cuenta que el relleno que pongamos pasará por el mismo proceso de cocción que la masa.

Así, si deseamos, por ejemplo, rellenar nuestros cupcakes con trocitos de fresa, estos se cocerán, por lo que puede no ser un buen relleno para esta técnica. Lo mismo vale para determinado tipo de cremas. Muchos cupcakes se suelen rellenar con la misma crema que se emplea para cubrirlos y si

esta está elaborada a base de mantequilla, como la socorrida buttercream, con el calor se deshará y el resultado puede ser un desastre. Así pues, con esta técnica hay que pensar en el resultado en el momento de escoger el relleno.

Veamos ahora paso a paso cómo podemos rellenar nuestros cupcakes con esta técnica.

PASO 1

Para rellenar de esta forma, lo primero que deberemos hacer es preparar la masa y, con una cuchara o manga pastelera rellenar una cuarta parte de la cápsula para formar la base del cupcake. Esto es muy importante, porque de ser muy fina la base puede que, al cocer el cupcake con el relleno, se nos rompa. Por el contrario, si la capa superior es muy fina puede que el relleno salga a la superficie. Por lo tanto hay que vigilar la cantidad de masa que se pone en la base y en la superficie.

PASO 2

A continuación, disponer el relleno sobre la masa, procurando que quede en el centro de esta y no toque los bordes. Si se trata de sólidos, pueden colocarse con una cucharilla; si el relleno tiene una textura cremosa, es preferible emplear una manga. Hay que tener en cuenta la cantidad de relleno que se va a emplear, pues si ponemos demasiado, finalmente sobresaldrá al cocerse el cupcake.

PASO 3

Por último, nos queda echar más masa sobre el relleno. Deberemos rellenar hasta ocupar dos tercios de la capacidad de la cápsula, en conjunto, es decir, deberemos dejar un tercio de la cápsula libre de preparación, pues al cocerse la masa sube y corremos el riesgo de que, por un lado, el relleno sobresalga a la superficie del cupcake, y lo que es peor, que se desborde, con lo que resultará muy difícil tanto cubrirlo con una cobertura como decorarlo. Ahora sí: nuestros cupcakes están listos para hornear.

Cupcakes: cómo conservarlos y transportarlos

Llegará un momento en el que los cupcakes que elaboremos sean dignos de mostrar en público y hasta puede que amigos y familiares nos pidan encarecidamente que preparemos para alguna ocasión especial un determinado tipo que «sabía a gloria». Pero ¿cómo conservar nuestros deliciosos cupcakes hasta el momento de transportarlos a otra parte y cómo hacerlo de la mejor manera posible? En este apartado ofrecemos las claves para que los cupcakes lleguen a buen puerto en las mejores condiciones, frescos y deliciosos, como recién hechos.

Consejos para conservar cupcakes realmente frescos

• Es primordial dejar que los cupcakes se enfríen por completo tras salir del horno a temperatura ambiente. En función de la temperatura de la cocina, suelen tardar entre 30 y 45 minutos en estar fríos. Compruébelo antes de proceder a ponerles la cobertura. Si realizamos este paso con el cupcake caliente o tibio, la crema se desmoronará en cuestión de minutos, precisamente por el calor que desprende la masa. No debemos fiarnos de la temperatura de la superficie del cupcake; puede que esta al pasar unos 10 o 15 minutos ya esté fría, pero no así el interior. De modo que más vale prevenir que curar y esperar los minutos reglamentarios.

• Si no se van a consumir inmediatamente y van a estar más de 30 minutos a temperatura ambiente, tanto si están cubiertos con algún tipo de crema como si no, hay que taparlos. El papel de aluminio, el film transparente y el papel de horno van a la perfección. Eso sí: hay que cubrirlos con cuidado, siendo generosos con el papel, y sin apretar este contra los cupcakes, pues de lo contrario podríamos estropear las coberturas o las decoraciones.

• Las cremas a base de mantequilla tan solo se pueden guardar a temperatura ambiente (debidamente cubiertas con algún tipo de papel) durante dos días. Más allá de eso, corremos el riesgo de que se estropeen y algo peor, que sienten mal a alguien. Las coberturas elaboradas con queso crema o nata deben conservarse en el frigorífico desde el primer instante si es que no se van a consumir de inmediato.

Cupcakes

conservar y transportar

Consejos para conservar cupcakes congelados

• Una vez que los cupcakes estén fríos, meterlos en un *tupper* con tapa hermética o en una bolsa de congelación en una sola capa. De esta forma durarán hasta tres meses, siempre listos para consumir.

• Para descongelarlos, tan solo hay que traspasar la bolsa o el *tupper* del congelador al frigorífico, e incluso también pueden descongelarse a temperatura ambiente.

• Los cupcakes congelados se pueden cubrir con algún tipo de crema sin descongelarlos: resulta mucho más fácil cubrir y decorar con la superficie de la masa dura. Además, de esta forma, al cabo de unos minutos, y cuando la masa esté descongelada, la textura de la crema resultará especial y, por supuesto, estará muy muy fresquita.

• No hay que congelar cupcakes que lleven en su interior algún tipo de colorante: glasas, caramelos duros, chucherías o azúcar coloreado. Los colorantes suelen desteñirse durante el proceso de descongelación, por lo que todo nuestro trabajo se iría al traste.

Consejos para transportar cupcakes

• Existen en el mercado portapasteles muy prácticos que hacen las veces de recipiente para transportar cupcakes. Tienen una capacidad que alcanza para transportar hasta doce cupcakes. No obstante, en el menaje de una cocina común podemos hallar muchos recipientes que cumplen la misma función. Por ejemplo, una cazuela de paredes bajas, *tuppers* de distintos tamaños o bandejas de paredes altas. En todos los casos habrá que tapar los dulces con papel de aluminio, film o papel de horno para protegerlos.

• De un tiempo a esta parte y con la fiebre de los cupcakes, encontramos en el mercado cajas de cartón lisas o decoradas que se han diseñado especialmente para transportar cupcakes. Son ideales si los vamos a ofrecer como regalo, pues hasta se pueden cerrar con un lazo y colocar en su interior papel de seda de colores que case con la decoración de los cupcakes.

Cupcakes clásicos

Cupcakes de crema de limón

INGREDIENTES

Para 12 unidades

Dificultad: alta

Tiempo: 1 hora y 30 minutos

- 100 ml de aceite de girasol
- 3 huevos
- 200 g de azúcar
- 60 ml de leche
- 200 g de harina de repostería
- 3 cucharadas de zumo de limón
- la ralladura de 1 limón
- 1 cucharadita de levadura química

Para la crema de limón:

- 3 huevos + 1 yema
- 200 g de azúcar
- 100 g de mantequilla
- el zumo y la ralladura de 2 limones

Para la cobertura:

- 100 g de mantequilla
- 200 g de azúcar glas
- 125 g de queso crema
- 3 cucharadas de zumo de limón

Para la decoración:

- 12 cápsulas de papel
- 12 caramelos en forma de gajos de limón

PREPARACIÓN

1 Sacar la mantequilla del frigorífico 20 minutos antes de comenzar la receta.

2 Precalentar el horno a 175 ºC.

3 Separar las claras de las yemas y mezclar estas en un cuenco con el azúcar. Incorporar entonces el aceite de girasol, el zumo y la ralladura de limón, y batir hasta que todo quede bien integrado. Agregar la leche y volver a batir.

4 Tamizar la harina y la levadura, y agregarlas a la mezcla anterior, mezclando bien hasta que se integren por completo y no queden grumos.

5 Batir las claras a punto de nieve e incorporarlas a la masa cucharada a cucharada, realizando movimientos envolventes.

6 Preparar un molde para cupcakes con las cápsulas de papel y rellenarlas con la masa. Introducir el molde en el horno y cocer los cupcakes unos 20 minutos. Pasado ese tiempo, sacar el molde del horno y esperar 5 minutos antes de desmoldar los cupcakes y dejarlos enfriar sobre una rejilla.

7 Para preparar la crema de limón, mezclar en un cazo los huevos con el azúcar, el zumo y la ralladura de limón; cocer la mezcla al baño maría sin dejar de remover durante 5 minutos a fuego suave; debe conseguirse una textura espesa.

8 Retirar entonces el cazo del fuego e inmediatamente agregar la mantequilla cortada en trozos. Batir con las varillas de mano hasta que la mantequilla se integre por completo. A continuación, dejar enfriar la crema y conservarla en el frigorífico hasta su uso.

9 Para preparar la cobertura, batir en un cuenco todos los ingredientes hasta que la crema tenga una textura homogénea y suave. Introducirla en una manga pastelera con boquilla estriada y reservarla en el frigorífico hasta su uso.

10 Cuando la crema de limón esté fría, echarla en una manga pastelera o en un biberón. Vaciar un poco los cupcakes con un descorazonador y rellenarlos con esta crema. Tapar con el trozo de bizcocho que se ha extraído y alisar la superficie con una espátula.

11 Por último, cubrir los cupcakes con la cobertura y decorar con el caramelo de limón.

Cupcakes

clásicos

Cupcakes rellenos de caramelo

INGREDIENTES

Para 12 unidades

Dificultad: alta

Tiempo: 1 hora y 30 minutos

- 200 g de harina de repostería
- 1 cucharadita de levadura química
- 115 g de mantequilla
- 120 g de azúcar
- 3 huevos
- 1 cucharadita de esencia de vainilla
- 60 ml de leche

Para el almíbar:

- 50 g de azúcar
- 65 ml de agua
- 1 cucharada de ron

Para el caramelo:

- 60 g de mantequilla
- 200 g de azúcar moreno
- 180 ml de nata líquida
- 1 cucharadita de esencia de vainilla
- ½ cucharadita de sal

Para la cobertura:

- 125 ml de nata líquida
- 50 g de azúcar glas
- 125 g de queso mascarpone

Para la decoración:

- 12 cápsulas de papel
- flores de fondant amarillas y blancas

PREPARACIÓN

1 Sacar la mantequilla del frigorífico 20 minutos antes de comenzar la receta.

2 Precalentar el horno a 175 oC.

3 Para preparar el caramelo, poner un cazo al fuego con la mantequilla y fundirla, removiendo de vez en cuando. Incorporar el azúcar y remover hasta que se deshaga. Verter la nata líquida y dejar cocer a fuego lento durante unos 5 minutos, hasta que espese. Pasado ese tiempo, agregar la esencia de vainilla y la sal. Remover bien y reservar.

4 Para elaborar los cupcakes, batir en un cuenco la mantequilla con el azúcar hasta lograr una mezcla homogénea. A continuación, agregar los huevos de uno en uno. Cuando estén integrados, agregar la leche y la esencia de vainilla, y batir hasta que se mezcle por completo.

5 En un cuenco aparte, tamizar la harina y la levadura. Agregar esta mezcla a la preparación anterior y remover bien hasta que la masa quede bien homogénea y sin grumos.

6 Preparar un molde para cupcakes con las cápsulas de papel y rellenarlas con la masa. Introducir el molde en el horno y cocer los cupcakes durante unos 20 minutos. Pasado ese tiempo, sacar el molde del horno y esperar 5 minutos antes de desmoldar los cupcakes y dejarlos enfriar sobre una rejilla.

7 Para hacer la cobertura, batir en un cuenco la nata líquida hasta que esté semimontada. Sin dejar de batir, agregar poco a poco el azúcar glas, previamente tamizado. Finalmente, añadir el mascarpone y terminar de montar. Reservar.

8 Para elaborar el almíbar, poner un cazo al fuego y echar el agua, el ron y el azúcar; llevar a ebullición. Justo en ese instante, retirar el cazo del fuego, remover bien y reservar.

9 Cuando los cupcakes estén fríos, pincelarlos con el almíbar. Después, con un descorazonador, retirar un poco de masa y rellenar los cupcakes con el caramelo. Alisar la superficie con una espátula. Por último, introducir la cobertura en una manga pastelera con boquilla estriada y cubrir los cupcakes generosamente. Decorar con las flores de fondant.

Cupcakes de crema de cacao

INGREDIENTES

Para 12 unidades

Dificultad: media

Tiempo: 1 hora

- 140 g de mantequilla
- 200 g de harina de repostería
- 125 g de azúcar
- 120 g de **crema de cacao** con avellanas
- 35 ml de leche
- 4 huevos pequeños
- ½ sobrecito de levadura química
- 1 cucharada de esencia de vainilla

Para la cobertura:

- 90 g de mantequilla
- 140 g de azúcar
- 90 ml de leche
- 1 cucharada de **crema de cacao** con avellanas

Para la decoración:

- 12 cápsulas de papel
- sirope de chocolate
- corazones de chocolate

PREPARACIÓN

1 Sacar la mantequilla del frigorífico 20 minutos antes de comenzar la receta.

2 Precalentar el horno a **175 °C**.

3 Tamizar en un cuenco la harina con la levadura; reservar.

4 Separar las yemas de los huevos de las claras. En un cuenco, montar las claras a punto de nieve; reservar.

5 Echar en otro cuenco la mantequilla y el azúcar y, con unas varillas eléctricas, batir hasta que queden integrados. A continuación, y sin dejar de batir, añadir las yemas de los huevos y la esencia de vainilla. Después, añadir la harina con la levadura tamizadas y, sin dejar de batir, incorporar la leche y la crema de cacao. Batir hasta que la masa quede homogénea. Agregar en ese momento las claras montadas a punto de nieve y batir a velocidad muy baja, hasta que se incorporen a la masa y no queden grumos.

6 Preparar un molde para cupcakes con las cápsulas de papel y repartir la masa. Hornear los cupcakes durante 20 minutos. Pasado ese tiempo, sacar el molde del horno y esperar 5 minutos antes de desmoldarlos y dejarlos enfriar sobre una rejilla.

7 Para elaborar la cobertura, echar en un cuenco la mantequilla y el azúcar, y batir hasta que estén bien integradas; sin dejar de batir, añadir la leche y la crema de cacao. Batir hasta conseguir una textura muy cremosa.

8 Echar la cobertura en una manga pastelera con boquilla de estrella y cubrir los cupcakes.

9 Rociar con el sirope de chocolate y decorar con los corazones.

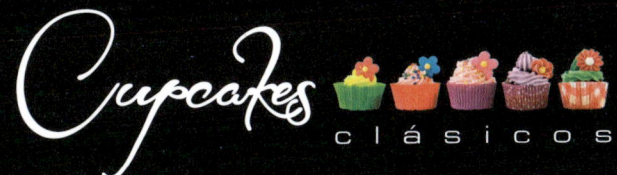

Cupcakes de Maltesers

INGREDIENTES

Para 12 unidades

Dificultad: media

Tiempo: 1 hora

- 115 g de mantequilla
- 120 g de azúcar
- 200 g de harina de repostería
- 3 huevos medianos
- 60 ml de leche
- 1 cucharadita de levadura química
- 25 g de cacao en polvo de Maltesers

Para la cobertura:

- 150 g de mantequilla
- 250 g de azúcar glas
- 60 g de queso crema con chocolate
- 20 ml de leche

Para la decoración:

- 12 cápsulas de papel
- 12 Maltesers
- 12 pajitas

PREPARACIÓN

1 Sacar la mantequilla del frigorífico 20 minutos antes de comenzar la receta.

2 Precalentar el horno a 175 °C.

3 En un cuenco, echar la mantequilla y el azúcar y, con unas varillas eléctricas, batir hasta obtener una textura cremosa; a continuación, añadir los huevos de uno en uno y batir hasta que todo quede bien integrado. Agregar entonces la leche y batir durante unos segundos; después, incorporar la levadura, la harina y el cacao. Batir bien hasta conseguir una masa homogénea y sin grumos.

4 Preparar un molde para cupcakes con las cápsulas de papel y repartir la masa. Hornear los cupcakes durante 20 minutos. Pasado ese tiempo, sacar el molde del horno y esperar 5 minutos antes de desmoldar los cupcakes y dejarlos enfriar sobre una rejilla.

5 Para preparar la cobertura, tamizar el azúcar glas en un cuenco. En otro cuenco, echar la mantequilla y la mitad del azúcar tamizado y, con unas varillas eléctricas, batir hasta que la mantequilla blanquee; añadir la otra mitad del azúcar tamizado y batir unos 4 minutos más, hasta que los ingredientes estén integrados. Entonces añadir la leche y batir hasta conseguir una textura cremosa. Incorporar el queso crema con chocolate y trabajarlo hasta que la crema quede perfectamente homogénea.

6 Echar la cobertura en una manga pastelera con boquilla de estrella y cubrir los cupcakes.

7 Para decorar, poner en lo alto de cada cupcake una bolita de Maltesers y clavar una pajita.

Cupcakes de té verde con miel

INGREDIENTES

Para 12 unidades

Dificultad: media

Tiempo: 1 hora

- 115 g de mantequilla
- 120 g de azúcar
- 200 g de harina de repostería
- 60 ml de té verde
- 3 huevos
- 1 ½ cucharadita de levadura química
- 2 cucharadas de miel

Para la cobertura:

- 250 g de mantequilla
- 325 g de azúcar glas
- 50 ml de leche
- 2 cucharaditas de té matcha

Para la decoración:

- 12 cápsulas de papel
- 12 flores de fondant

PREPARACIÓN

1. Sacar la mantequilla del frigorífico 20 minutos antes de comenzar la receta.

2. Precalentar el horno a 175 °C.

3. En un cuenco, tamizar la harina junto con la levadura.

4. Batir en otro cuenco la mantequilla con el azúcar usando unas varillas eléctricas hasta que se integren y la mezcla se aclare. Añadir los huevos, uno a uno, y batir hasta que se incorporen. Añadir la miel y volver a mezclar para que se integre. Agregar la mitad de la harina y la levadura tamizadas, y batir a velocidad baja hasta conseguir una textura homogénea. A continuación, añadir el té verde y batir durante unos minutos. Finalmente, agregar el resto de harina con levadura y batir a velocidad baja hasta conseguir una masa homogénea y sin grumos.

5. Preparar un molde para cupcakes con las cápsulas de papel y repartir la masa. Hornear los cupcakes durante 20 minutos. Pasado ese tiempo, sacar el molde del horno y esperar 5 minutos antes de desmoldar los cupcakes y dejarlos enfriar sobre una rejilla.

6. Para preparar la cobertura, tamizar el azúcar glas en un cuenco. Echar en otro cuenco la mantequilla, el té matcha y la leche. Batir a velocidad baja durante 1 minuto y luego, incorporar el azúcar glas. Batir a velocidad media-alta durante otros 5 minutos, hasta conseguir una textura cremosa.

7. Echar la cobertura en una manga pastelera con boquilla de estrella y estrías largas, y decorar la superficie de los cupcakes junto con las flores de fondant.

Cupcakes de galleta maría

INGREDIENTES

Para 12 unidades

Dificultad: media

Tiempo: 1 hora y 30 minutos

- 115 g de mantequilla
- 120 g de azúcar
- 200 g de harina de repostería
- 60 g de galletas maría
- 60 ml de leche
- 3 huevos medianos
- 1 cucharadita de levadura química

Para la cobertura:

- 250 g de mantequilla
- 350 g de azúcar glas
- 2 cucharadas de leche
- 100 g de galletas maría

Para la decoración:

- 12 cápsulas de papel
- 12 minigalletas maría

PREPARACIÓN

1 Sacar la mantequilla del frigorífico 20 minutos antes de comenzar la receta.

2 Precalentar el horno a 175 °C.

3 En un cuenco, tamizar la harina junto con la levadura; reservar.

4 Machacar en el mortero las galletas hasta conseguir un polvo muy fino; tamizarlo y reservar.

5 Batir la mantequilla junto con el azúcar usando unas varillas eléctricas hasta que ambos ingredientes queden totalmente integrados; a continuación, y sin dejar de batir, añadir los huevos, uno a uno, y seguir batiendo hasta conseguir una textura homogénea. Incorporar la harina y la levadura tamizadas, y la leche; batir durante 3 o 4 minutos. Por último, añadir las galletas maría y batir hasta que la masa quede homogénea y sin grumos.

6 Preparar un molde para cupcakes con las cápsulas de papel y repartir la masa hasta llenar dos tercios de cada cápsula. Hornear los cupcakes durante 20 minutos. Pasado ese tiempo, sacar el molde del horno y esperar 5 minutos antes de desmoldar los cupcakes y dejarlos enfriar sobre una rejilla.

7 Para preparar la cobertura, machacar las galletas en el mortero hasta lograr un polvo muy fino; tamizarlo y reservar. Echar en un cuenco la mantequilla y el azúcar glas, y batir con unas varillas eléctricas durante 4 minutos a velocidad media y 1 minuto a velocidad alta. Añadir las galletas maría y batir hasta que todo quede bien integrado. Por último, añadir la leche y batir durante 1 minuto más, hasta que la crema tenga una textura muy ligera.

8 Echar la crema en una manga pastelera con boquilla de estrella y cubrir la superficie de los cupcakes.

9 Para la decoración, poner una minigalleta en el lateral de cada cupcake.

Cupcakes clásicos

Cupcakes de chocolate y naranja

INGREDIENTES

Para 12 unidades

Dificultad: media

Tiempo: 1 hora

- 115 g de azúcar
- 200 g de harina de repostería
- 115 g de mantequilla
- 150 g de chocolate para fundir
- 2 cucharadas de Cointreau
- 1 cucharada de leche
- 1 cucharada de zumo de naranja natural
- 2 huevos grandes
- 1 cucharadita de levadura química
- la ralladura de 2 naranjas grandes

Para la cobertura:

- 140 g de mantequilla
- 2 cucharadas de Cointreau
- 2 cucharadas de zumo de naranja
- 45 ml de leche
- 250 g de azúcar glas
- colorante alimentario naranja en gel

Para la decoración:

- 12 cápsulas de papel
- naranja confitada

PREPARACIÓN

1. Sacar la mantequilla del frigorífico 20 minutos antes de comenzar la receta.

2. Precalentar el horno a 175 °C.

3. Poner un cazo al fuego y derretir el chocolate al baño maría; dejar que se entibie.

4. En un cuenco, echar la leche, el zumo de naranja y el Cointreau, y mezclar bien. En otro cuenco, tamizar la harina junto con la levadura; reservar.

5. Mezclar el azúcar con la mantequilla y batir con unas varillas eléctricas durante 4 o 5 minutos, hasta que la mezcla blanquee y esté cremosa. Sin dejar de batir, añadir la ralladura de naranja y los huevos, uno a uno.

6. Cuando todos los ingredientes estén bien mezclados, añadir la harina tamizada poco a poco, sin dejar de batir a velocidad baja. Por último, incorporar la mezcla de leche y el chocolate fundido, y batir hasta que todos los ingredientes estén bien incorporados.

7. Preparar un molde para cupcakes con las cápsulas de papel y repartir la masa. Hornear los cupcakes durante 20 minutos. Pasado ese tiempo, sacar el molde del horno y esperar 5 minutos antes de desmoldar los cupcakes y dejarlos enfriar sobre una rejilla.

8. Para preparar la cobertura, echar en un cuenco la mantequilla, el Cointreau, el zumo, la leche y el azúcar glas, y batir con unas varillas eléctricas durante 3 minutos, hasta conseguir una mezcla cremosa; sin dejar de batir, añadir el colorante y batir durante 1 minuto más.

9. Echar la cobertura en una manga pastelera con boquilla de estrella y cubrir la superficie de los cupcakes.

10. Para la decoración, cortar veinticuatro rodajitas de naranja confitada muy finas y poner dos en cada cupcake.

Cupcakes de cacahuete

INGREDIENTES

Para 12 unidades

Dificultad: media

Tiempo: 1 hora

- 115 g de mantequilla
- 120 g de azúcar
- 200 g de harina de repostería
- 60 ml de leche
- 3 huevos
- 1 cucharadita de esencia de vainilla
- 1 ½ cucharadita de levadura química
- 2 cucharadas de crema de cacahuete
- sal

Para la cobertura:

- 450 g de azúcar glas
- 250 g de mantequilla
- 1 cucharadita de esencia de vainilla
- 2 cucharadas de crema de cacahuete

Para la decoración:

- 12 cápsulas de papel

PREPARACIÓN

1 Sacar la mantequilla del frigorífico 20 minutos antes de empezar la receta.

2 Precalentar el horno a **175 °C**.

3 En un cuenco, tamizar la harina junto con la levadura y una pizca de sal, y reservar.

4 En otro cuenco, batir la mantequilla y el azúcar con la ayuda de unas varillas eléctricas durante 3-5 minutos, y sin dejar de batir, añadir los huevos de uno en uno. A continuación, agregar la esencia de vainilla, la crema de cacahuete y mezclar hasta que los ingredientes queden integrados. Bajar la velocidad de la batidora y añadir la mitad de la harina tamizada y, sin dejar de batir, añadir la leche y la otra mitad de la harina. Batir hasta conseguir una masa homogénea.

5 Preparar un molde para cupcakes con las cápsulas de papel y repartir la masa. Hornear los cupcakes durante 20 minutos. Pasado ese tiempo, sacar el molde del horno y esperar 5 minutos antes de desmoldar los cupcakes y dejarlos enfriar sobre una rejilla.

6 Para preparar la cobertura, añadir en un cuenco la mantequilla, el azúcar y la esencia de vainilla y, con la ayuda de las varillas eléctricas, batir durante 2 minutos a velocidad baja. Subir la velocidad progresivamente, hasta llegar a la velocidad más alta. Agregar la crema de cacahuete y batir otros 2 minutos más hasta conseguir una mezcla cremosa y homogénea. Rellenar con la crema una manga pastelera con boquilla de estrella y cubrir la superficie de los cupcakes. ¿Quién se resistirá al sabor del cacahuete?

Cupcakes de violetas

INGREDIENTES

Para 12 unidades

Dificultad: media

Tiempo: 1 hora y 30 minutos

- 200 g de harina de repostería
- 120 g de azúcar
- 110 ml de leche
- 60 ml de aceite de oliva suave
- 1 huevo grande
- 2 cucharadas de almendras
- 1 cucharada de sirope de violetas
- 1 ½ cucharadita de levadura química

Para la cobertura:

- 165 g de mantequilla
- 265 g de azúcar glas
- 20 ml de leche
- 1 cucharadita de sirope de violetas
- colorante alimentario violeta

Para la decoración:

- 12 cápsulas de papel
- 12 bombones de chocolate de la forma deseada

PREPARACIÓN

1. Sacar la mantequilla del frigorífico 20 minutos antes de comenzar la receta.

2. Precalentar el horno a **175 °C**.

3. Machacar las almendras en el mortero para partirlas en trozos no muy pequeños; reservar.

4. Echar en un cuenco el huevo, el azúcar y el aceite, y batir con unas varillas eléctricas hasta que los ingredientes queden integrados. Añadir la harina, la levadura, la leche y el sirope de violetas, y batir hasta obtener una masa homogénea y sin grumos. Por último, incorporar las almendras y batir a velocidad alta hasta que se integren todos los ingredientes.

5. Preparar un molde de cupcakes con las cápsulas de papel y repartir la masa. Hornear los cupcakes durante **20 minutos**. Pasado ese tiempo, sacar el molde del horno y esperar **5 minutos** antes de desmoldar los cupcakes y dejarlos enfriar sobre una rejilla.

6. Para preparar la cobertura, echar en un cuenco la mantequilla y batirla ligeramente con unas varillas eléctricas; a continuación, incorporar poco a poco el azúcar glas, sin dejar de batir, hasta conseguir una mezcla homogénea y dura. Añadir la leche y mezclar para que quede bien integrada. Por último, agregar el sirope de violetas y unas gotas de colorante, y batir hasta que se integren con la crema. Añadir más colorante si fuera necesario hasta conseguir el tono deseado.

7. Introducir la cobertura en una manga pastelera con boquilla redonda y cubrir los cupcakes. Decorar con los bombones.

Cupcakes temáticos

Ataúdes de avellana y cacao

INGREDIENTES

Para 12 unidades

Dificultad: alta

Tiempo: 1 hora y 30 minutos (más el tiempo de secado)

- 200 g de harina de repostería
- 2 huevos
- 130 g de azúcar moreno
- 100 ml de aceite de oliva suave
- 50 g de avellanas molidas
- 1 cucharadita de levadura química
- 2 cucharadas de cacao en polvo
- 60 ml de leche

Para la decoración:

- 12 cápsulas de papel
- dulce de leche
- ½ paquete de galletas maría
- 2 cucharadas de cacao en polvo
- fondant marrón y negro
- pegamento comestible
- 6 palillos

PREPARACIÓN

1. Precalentar el horno a 175 ºC.

2. En un cuenco, batir los huevos junto con el azúcar moreno hasta que la mezcla quede suave y blanquecina. Incorporar entonces la leche y el aceite, y volver a batir.

3. Tamizar la harina junto con la levadura en un cuenco y agregar el cacao en polvo y las avellanas. Remover y añadir esta mezcla a la preparación anterior poco a poco, mezclando bien con una espátula, hasta que todo quede completamente integrado y no haya grumos.

4. Preparar un molde para cupcakes con las cápsulas de papel y rellenarlas con la masa. Introducir el molde en el horno y cocer los cupcakes unos 20 minutos. Pasado ese tiempo, sacar el molde del horno y esperar 5 minutos antes de desmoldar los cupcakes y dejarlos enfriar sobre una rejilla.

5. Para la decoración, triturar las galletas maría y echarlas en un cuenco. Agregar el cacao y mezclar; reservar. Amasar el fondant marrón y estirarlo hasta que tenga un grosor de unos 2-3 mm. Hacer una plantilla de cartulina que tenga la forma del ataúd y cortar veinticuatro láminas de fondant; dejarlas secar. Sacar también del fondant marrón tiras de 1 cm de ancho y cortarlas para dar forma a las paredes del ataúd. Amasar fondant negro y modelar doce cruces pequeñas; dejarlas secar.

6. Una vez que todas las piezas estén secas, montar los laterales de los ataúdes con pegamento comestible. Pegar las cruces negras en lo que sería la tapa del ataúd y pegar esta al ataúd, pero de forma que quede abierta, tal como se aprecia en la fotografía.

7. Calentar ligeramente el dulce de leche y untar la superficie de los cupcakes. Espolvorear por encima la mezcla de galletas maría y cacao. Dejar que el dulce de leche se enfríe del todo. Pinchar la mitad de un palillo en la parte de abajo de cada ataúd e insertarlos en la superficie de los cupcakes.

Brujas de zanahoria, nueces y canela

INGREDIENTES

Para 12 unidades

Dificultad: alta

Tiempo: 1 hora y 30 minutos
(más el tiempo de secado)

- 200 g de harina de repostería
- 120 g de azúcar
- 100 ml de aceite de oliva suave
- 50 g de nueces picadas
- 3 huevos
- 200 g de zanahoria rallada
- ½ cucharadita de esencia de vainilla
- 1 cucharadita de levadura química
- ½ cucharadita de canela en polvo

Para la cobertura:

- 200 g de queso crema
- 150 g de mantequilla
- 250 g de azúcar glas
- colorante alimentario naranja

Para la decoración:

- 12 cápsulas de papel
- fondant negro y amarillo
- pegamento comestible
- 24 estrellitas de azúcar azules

PREPARACIÓN

1 Sacar la mantequilla del frigorífico 20 minutos antes de comenzar la receta.

2 Precalentar el horno a 175 ºC.

3 Mezclar en un cuenco grande el aceite, el azúcar, la canela, las nueces, los huevos, la esencia de vainilla y la zanahoria rallada, y batir durante unos minutos hasta que todo quede bien mezclado.

4 Tamizar la harina junto con la levadura y agregarla a la preparación anterior. Batir bien hasta obtener una masa perfectamente homogénea.

5 Preparar un molde para cupcakes con las cápsulas de papel y rellenarlas con la masa. Introducir el molde en el horno y cocer los cupcakes unos 20 minutos. Pasado ese tiempo, sacar el molde del horno y esperar 5 minutos antes de desmoldar los cupcakes y dejarlos enfriar sobre una rejilla.

6 Para hacer la cobertura, batir en un cuenco la mantequilla junto con el queso hasta obtener una mezcla densa y suave. A continuación, agregar el azúcar glas y seguir batiendo para que quede completamente integrado. Por último, añadir colorante naranja, sin dejar de batir, hasta obtener el tono deseado.

7 Echar la crema en una manga pastelera con una boquilla estriada y cubrir los cupcakes.

8 Para elaborar los sombreros de las brujas, cortar doce triangulitos de fondant negro y darles forma de cono. Cortar asimismo doce círculos de fondant negro. Pincelar con pegamento los pequeños conos para poder pegarlos a los círculos. Cortar doce tiras finas del fondant amarillo para hacer las veces de cinta del sombrero. Pegar dos estrellitas azules en cada uno. Doblar un poco la punta del sombrero. Dejar que se sequen durante unas horas antes de colocarlos encima de los cupcakes.

Fantasmas de vainilla y canela

INGREDIENTES

Para 12 unidades

Dificultad: media

Tiempo: 1 hora y 30 minutos (más el tiempo de secado)

- 115 g de mantequilla
- 3 huevos
- 200 g de harina de repostería
- 1 cucharadita de levadura química
- 120 g de azúcar moreno
- 50 g de nueces picadas
- 1 cucharadita de canela en polvo
- 1 cucharadita de esencia de vainilla
- 60 ml de leche
- sal

Para la decoración:

- 12 cápsulas de papel
- fondant blanco y negro
- pegamento comestible

PREPARACIÓN

1 Sacar la mantequilla del frigorífico 20 minutos antes de comenzar la receta.

2 Precalentar el horno a **175 ºC**.

3 Mezclar en un cuenco grande la harina y la levadura tamizadas, y agregar una pizca de sal. En un cuenco aparte, mezclar la canela, el azúcar moreno y las nueces.

4 En un tercer cuenco, batir la mantequilla cortada en trozos con el azúcar hasta lograr una mezcla suave y ligeramente esponjosa. Agregar a esta preparación los huevos de uno en uno y volver a batir hasta que queden por completo integrados. A continuación, incorporar la esencia de vainilla, las nueces picadas y la canela, y volver a batir. Añadir entonces la harina y la leche, sin dejar de batir y poco a poco.

5 Preparar un molde para cupcakes con las cápsulas de papel y rellenarlas con la masa. Introducir el molde en el horno y cocer los cupcakes durante unos 20 minutos. Pasado ese tiempo, sacar el molde del horno y esperar 5 minutos antes de desmoldarlos y dejarlos enfriar sobre una rejilla.

6 Para hacer la decoración, estirar el fondant blanco en una lámina muy fina. Cortar doce círculos cuyo diámetro sea el doble del de los cupcakes. Modelar doce bolas de fondant blanco del tamaño de una canica. Preparar con fondant negro veinticuatro bolitas pequeñas y aplastarlas; serán los ojos.

7 Pegar una bola de fondant blanco (el «cuerpo» del fantasma) en lo alto de cada cupcake usando pegamento comestible. Poner encima el círculo de fondant blanco y modelarlo para darle la forma de la sábana, pegándolo con más pegamento a la bola. Por último, pegar los ojos a los fantasmas. Dejar secar unas horas.

Cuchillos de orujo de limón

INGREDIENTES

Para 12 unidades

Dificultad: alta

Tiempo: 1 hora y 30 minutos
(más el tiempo de secado)

- 115 g de mantequilla
- 120 g de azúcar
- 200 g de harina
- 2 huevos
- 60 ml de leche
- la ralladura de 2 limones
- el zumo de 1 limón
- 3 cucharadas de crema de orujo de limón
- 1 cucharadita de bicarbonato

Para la cobertura:

- 250 g de mantequilla
- 400 g de azúcar glas
- 4 cucharadas de zumo de limón

Para emborrachar el bizcocho:

- 110 ml de crema de orujo de limón

Para la decoración:

- 12 cápsulas de papel
- fondant marrón y gris
- colorante alimentario rojo
- pegamento comestible

PREPARACIÓN

1 Sacar la mantequilla del frigorífico 20 minutos antes de comenzar la receta.

2 Precalentar el horno a 175 °C.

3 Reservar cuatro cucharadas de zumo de limón y verter el resto en la leche; tamizar la harina; reservar.

4 En un cuenco grande, mezclar la mantequilla con el azúcar, y batir hasta que la mezcla tenga una textura suave y esponjosa. Incorporar entonces los huevos de uno en uno, esperando que se integre uno antes de echar el otro. Añadir la mitad de la harina tamizada y batir. Agregar la mezcla de leche, el zumo y la ralladura de limón, y volver a batir. Incorporar el resto de la harina y, por último, la crema de orujo.

5 En un cuenco pequeño mezclar el zumo de limón reservado con el bicarbonato; cuando se forme espuma, agregarlo a la masa y batir hasta que todo quede bien integrado.

6 Preparar un molde para cupcakes con las cápsulas de papel y rellenarlas con la masa. Introducir el molde en el horno y cocer los cupcakes unos 20 minutos. Pasado ese tiempo, sacar el molde del horno y esperar 5 minutos antes de desmoldar los cupcakes y dejarlos enfriar sobre una rejilla.

7 Para preparar la cobertura, batir la mantequilla junto con el azúcar glas y el zumo de limón hasta que todo quede bien integrado y la textura sea muy cremosa.

8 Cuando los cupcakes estén fríos, pinchar la superficie en varios puntos con un palillo y echar por encima una cucharada de crema de orujo; esperar a que la masa la absorba.

9 Introducir la cobertura en una manga pastelera con una boquilla lisa y cubrir los cupcakes.

10 Para la decoración, estirar el fondant gris y cortar seis círculos pequeños de 0,5 cm de grosor. Dividirlos por la mitad y darles la forma de la hoja del cuchillo; dejarlos secar unos minutos. Estirar el fondant marrón hasta que tenga un grosor de 0,5 cm y modelar doce mangos para los cuchillos; pegarlos con pegamento a las hojas. Hacer veinticuatro bolitas de fondant gris y pegarlas al mango, dos en cada uno. Esperar a que se seque el cuchillo antes de clavarlo en la cobertura.

11 Por último, echar un poco de colorante rojo alrededor del cuchillo para que parezca sangre.

Cupcakes temáticos

Momias a la vainilla

INGREDIENTES

Para 12 unidades

Dificultad: media

Tiempo: 1 hora y 30 minutos
(más el tiempo de secado)

- 115 g de mantequilla
- 120 g de azúcar
- 3 huevos
- 180 g de harina de repostería
- 1 cucharadita de levadura química
- 60 g de cacao en polvo
- 60 ml de leche
- 1 cucharadita de esencia de vainilla

Para la decoración:

- 12 cápsulas de papel
- fondant blanco
- 24 ojos de caramelo
- pegamento comestible

PREPARACIÓN

1. Sacar la mantequilla del frigorífico 20 minutos antes de comenzar la receta.

2. Precalentar el horno a 175 ºC.

3. Tamizar la harina junto con la levadura y el cacao en polvo; reservar.

4. En un cuenco grande batir la mantequilla hasta que esté cremosa. Agregar el azúcar, la esencia de vainilla, los huevos y la leche. Batir hasta que todo quede bien integrado.

5. A continuación, agregar la mezcla de ingredientes secos y batir hasta obtener una masa suave y sin grumos, pero consistente.

6. Preparar un molde para cupcakes con las cápsulas de papel y rellenarlas con la masa. Introducir el molde en el horno y cocer los cupcakes unos 20 minutos. Pasado ese tiempo, sacar el molde del horno y esperar 5 minutos antes de desmoldarlos y dejarlos enfriar sobre una rejilla.

7. Para decorar, estirar el fondant blanco y cortar tiras finas de 4 mm de ancho y 10 cm de largo. Ir disponiendo las tiras sobre los cupcakes como si fueran las vendas de una momia, procurando que se vea entre ellas la superficie del cupcake para el contraste de color. Pegarlas con pegamento comestible. Pegar también los ojos de caramelo. Dejar que se seque todo bien.

Enfermeras de yogur y vainilla

INGREDIENTES

Para 12 unidades

Dificultad: media

**Tiempo: 1 hora y 30 minutos
(más el tiempo de secado)**

- 200 g de harina de repostería
- 115 g de mantequilla
- 120 g de azúcar
- 1 yogur natural
- 2 huevos
- 1 cucharadita de esencia de vainilla
- 1 cucharadita de levadura química

Para la cobertura:

- fondant blanco

Para la decoración:

- 12 cápsulas de papel
- fondant rojo y blanco
- pegamento comestible
- rodillo texturizado para fondant

PREPARACIÓN

1 Sacar la mantequilla del frigorífico 20 minutos antes de comenzar la receta.

2 Precalentar el horno a 175 °C.

3 En un cuenco, mezclar la mantequilla cortada en trozos, el azúcar y la esencia de vainilla. Batir hasta que la mezcla quede ligeramente espumosa y homogénea. Sin dejar de batir, añadir los huevos de uno en uno, y luego el yogur.

4 Tamizar la harina junto con la levadura y añadir a la mezcla anterior sin dejar de batir. La masa debe quedar sin grumos, suave y densa.

5 Preparar un molde para cupcakes con las cápsulas de papel. Rellenarlas con la masa y hornear los cupcakes unos 20 minutos. Pasado ese tiempo, sacar el molde del horno y esperar 5 minutos antes de desmoldar los cupcakes y dejarlos enfriar sobre una rejilla.

6 Para cubrir los cupcakes, estirar el fondant blanco con el rodillo texturizado en una lámina muy fina. Cortar círculos de un diámetro un poco mayor que el de los cupcakes y forrarlos, ayudándose de una llana de cupcakes para cortar el sobrante al ras de la cápsula de papel.

7 Para la decoración, cortar tiras de fondant blanco de 0,5 cm de ancho y 2,5 cm de largo. Cortar los extremos en ángulo, dejando la parte frontal de la cofia de enfermera de 1 cm de alto. Unir los dos extremos con pegamento comestible. Estirar el fondant rojo y cortar pequeñas tiras para formar la cruz de la cofia. Adherirlas con pegamento en el centro del frontal de la cofia. Por último, pegar una en cada cupcake y dejar secar durante unas horas.

Diablos de mermelada de tomate

INGREDIENTES

Para 12 unidades

Dificultad: alta

Tiempo: 1 hora y 30 minutos (más el tiempo de secado)

- 200 g de harina de repostería
- 115 g de mantequilla
- 120 g de azúcar
- 1 cucharadita de azúcar vainillado
- 1 cucharada de levadura química
- 3 huevos
- 60 ml de leche
- sal

Para el relleno:

- mermelada de tomate

Para la cobertura:

- 330 g de azúcar glas
- 40 g de mantequilla
- 40 g de mermelada de tomate
- 70 g de queso crema
- colorante alimentario rojo

Para la decoración:

- 12 cápsulas de papel
- 12 palillos
- fondant rojo y negro
- rotulador de tinta comestible de color negro
- 24 ojos de caramelo

PREPARACIÓN

1 Sacar la mantequilla del frigorífico 20 minutos antes de comenzar la receta.

2 Precalentar el horno a 175 ºC.

3 En un cuenco grande, mezclar el azúcar, el azúcar vainillado y los huevos, y batir hasta que la mezcla tenga una textura homogénea y ligeramente espumosa.

4 Agregar la mantequilla cortada en trozos y la mitad de la leche, sin dejar de batir. Tamizar la harina junto con la levadura y agregarlas junto con una pizca de sal a la mezcla anterior. Batir hasta que queden completamente integradas y entonces, verter el resto de la leche poco a poco, sin dejar de batir. Batir el conjunto durante unos minutos más, hasta conseguir una masa bien homogénea.

5 Preparar un molde para cupcakes con las cápsulas de papel. Rellenar tres cuartas partes y hornear 20 minutos. Pasado ese tiempo, sacar el molde del horno y esperar 5 minutos antes de desmoldar los cupcakes y dejarlos enfriar sobre una rejilla.

6 Cuando estén fríos, con un cuchillo de punta fina, realizar tres cortes para abrir un triángulo en el centro del cupcake con cuidado de no llegar al papel de la base. Retirar el triángulo de masa y rellenar los cupcakes con mermelada de tomate. Volver a taparlos con el triángulo de masa.

7 Para hacer la cobertura, tamizar el azúcar glas y mezclarla en un cuenco con la mantequilla, la mermelada y el queso crema. Batir hasta que todo quede bien integrado y entonces, agregar el colorante. Mezclar hasta conseguir un tono uniforme. Echar la cobertura en una manga pastelera con una boquilla grande y lisa, y cubrir los cupcakes.

8 Para la decoración, estirar el fondant rojo y cortar veinticuatro trocitos de igual tamaño para formar los cuernos. Cortar doce piezas más grandes y modelar los tridentes. Hacer lo mismo con las colas. Cortar doce triangulitos pequeños con fondant negro y pegarlo en el extremo de las colas. Pintar doce palillos con rotulador de tinta comestible negro; colocar el tridente en un extremo y pincharlo sobre el cupcake. Pegar los ojos de caramelo sobre la crema. Dejar secar todo durante unas horas y montar los cupcakes antes de servir.

Vacas de cacao y leche condensada

INGREDIENTES

Para 12 unidades

Dificultad: alta

**Tiempo: 1 hora y 30 minutos
(más el tiempo de secado)**

- 115 g de mantequilla
- 120 g de azúcar
- 3 huevos
- 200 g de harina de repostería
- 40 g de cacao en polvo
- 1 ½ cucharadita de levadura química
- 60 ml de leche
- 1 cucharadita de esencia de vainilla
- 3 cucharadas de leche condensada

Para el relleno:

- leche condensada

Para la cobertura:

- fondant blanco y negro

Para la decoración:

- 12 cápsulas de papel
- fondant marrón
- 24 ojos de caramelo
- pegamento comestible

PREPARACIÓN

1 Sacar la mantequilla del frigorífico 20 minutos antes de comenzar la receta.

2 Precalentar el horno a 180 ºC.

3 Tamizar la harina junto con el cacao y la levadura; reservar.

4 Batir la mantequilla en un cuenco con el azúcar hasta lograr una crema suave y blanquecina. Incorporar entonces los huevos uno a uno.

5 Cuando los huevos estén integrados, añadir la leche y la esencia de vainilla.

6 A continuación, agregar la mitad de la mezcla de harina y batir hasta que se integre muy bien antes de añadir el resto. Agregar la leche condensada y volver a batir. Preparar un molde para cupcakes con las cápsulas de papel. Rellenarlas con la masa e introducir el molde en el horno. Cocer los cupcakes 20 minutos. Pasado ese tiempo, sacar el molde del horno y esperar 5 minutos antes de desmoldar los cupcakes y dejarlos enfriar sobre una rejilla.

7 Una vez que estén fríos, cortarles un pequeño triángulo en la superficie y retirar la masa. Rellenarlos con leche condensada y volver a tapar los agujeros con el triángulo de masa.

8 Para realizar la cobertura, estirar el fondant blanco y colocar encima pequeños trozos de fondant negro. Alisar con el rodillo y recortar doce círculos de un diámetro superior al de los cupcakes. Cubrirlos con el fondant y cortar el sobrante con una llana justo en el borde de las cápsulas de papel.

9 Para la decoración, cortar trozos pequeños de fondant marrón y formar los cuernos, dos por cada cupcake. Adherirlos a la superficie con un poco de pegamento comestible, y hacer lo mismo con los ojos de caramelo. Dejar secar durante unas horas.

Máscaras de carnaval

INGREDIENTES

Para 12 unidades

Dificultad: alta

Tiempo: 1 hora y 30 minutos
(más el tiempo de secado)

- 3 huevos
- 200 g de harina de repostería
- 115 g de mantequilla
- 120 g de azúcar
- 60 ml de leche
- 1 cucharadita de levadura química
- 1 cucharadita de esencia de ron

Para la cobertura:

- 250 ml de nata líquida
- 50 g de azúcar

Para la decoración:

- 12 cápsulas de papel
- fondant azul y rojo
- purpurina comestible roja y plateada
- pegamento comestible

PREPARACIÓN

1 Sacar la mantequilla del frigorífico 20 minutos antes de comenzar la receta.

2 Precalentar el horno a 175 ºC.

3 En un cuenco, mezclar la mantequilla cortada en trozos con el azúcar y batir hasta obtener una preparación cremosa. Agregar entonces los huevos de uno en uno, sin dejar de batir hasta que se integren. Tamizar la harina y la levadura, y agregar la mitad a la mezcla sin dejar de batir. Cuando esté integrada, verter la leche y seguidamente el resto de la harina. Una vez que la masa quede homogénea, incorporar la esencia de ron y batir.

4 Preparar un molde para cupcakes con las cápsulas de papel y rellenarlas con la masa. Introducir el molde en el horno y cocer los cupcakes 20 minutos. Pasado ese tiempo, sacar el molde del horno y esperar 5 minutos antes de desmoldar los cupcakes y dejarlos enfriar sobre una rejilla.

5 Para hacer la cobertura, montar la nata junto con el azúcar. Después introducirla en una manga pastelera con una boquilla estriada y cubrir los cupcakes.

6 Para la decoración, estirar el fondant celeste y el rojo, y recortar en cada uno seis mariposas. Con ayuda de un cuchillo de punta fina y afilado, hacer dos incisiones en cada mariposa, que serían en la máscara los huecos para los ojos. Extender pegamento por las dos caras de la mariposa y luego rebozarlas con las purpurinas, seis con cada color. Colocar una máscara de carnaval en el centro de cada cupcake y dejar secar.

Cupcakes de confeti

INGREDIENTES

Para 12 unidades

Dificultad: alta

Tiempo: 1 hora y 30 minutos (más el tiempo de secado)

- 3 huevos
- 115 g de mantequilla
- 120 g de azúcar
- 60 ml de leche
- 200 g de harina de repostería
- 2 cucharaditas de levadura química
- 1 cucharadita de esencia de vainilla

Para la cobertura:

- 250 g de azúcar glas
- 170 g de mantequilla
- 2 claras de huevo
- 1 cucharadita de azúcar vainillado
- una pizca de sal
- colorante alimentario amarillo

Para la decoración:

- 12 cápsulas de papel
- fondant azul, amarillo, verde y rojo
- purpurina comestible azul, amarilla, verde y roja

PREPARACIÓN

1. Sacar la mantequilla del frigorífico 20 minutos antes de comenzar la receta.

2. Precalentar el horno a 175 °C.

3. En un cuenco, mezclar el azúcar y la mantequilla. Batir hasta que la mezcla tenga un textura homogénea y ligeramente blanquecina. Agregar los huevos de uno en uno y batir hasta que se integren. Incorporar entonces la leche, la harina tamizada, la levadura y la esencia de vainilla. Batir hasta que todo quede integrado.

4. Colocar las cápsulas de papel en un molde para cupcakes y rellenarlas con la masa. Introducir el molde en el horno y cocer los cupcakes unos 20 minutos. Pasado ese tiempo, sacar el molde del horno y esperar 5 minutos antes de desmoldar los cupcakes y dejarlos enfriar sobre una rejilla.

5. Para elaborar la cobertura, mezclar en un cuenco todos los ingredientes. Batirlos hasta lograr una mezcla de textura cremosa y homogénea.

6. En ese momento, agregar a la crema unas gotas de colorante, lo justo para conseguir el color amarillo pálido necesario. Batir muy bien hasta que el colorante se haya incorporado uniformemente. Introducir la crema en una manga pastelera con una boquilla lisa y cubrir los cupcakes.

7. Para decorar, estirar el fondant azul y cortar tiras finas. Enrollarlas en forma de tirabuzón y rebozarlas por la purpurina azul. Realizar la misma operación con el fondant rojo y la purpurina roja. Dejar secar durante unas horas. Para realizar el confeti, estirar el fondant rojo, el amarillo y el verde, y recortar circulitos usando una boquilla redonda. Pasar los topos por las purpurinas del mismo color y dejar secar.

8. Antes de servir los cupcakes, distribuir por encima los tirabuzones y los círculos.

Corazones de San Valentín

INGREDIENTES

Para 12 unidades

Dificultad: alta

Tiempo: 1 hora y 30 minutos (más el tiempo de secado)

- 115 g de mantequilla
- 120 g de azúcar moreno
- 200 g de harina de repostería
- 1 ½ cucharadita de levadura química
- 3 huevos
- 1 manzana
- sirope de arce

Para la decoración:

- 12 cápsulas de papel
- fondant rosa y blanco
- dulce de leche
- 12 palillos

PREPARACIÓN

1 Sacar la mantequilla del frigorífico 20 minutos antes de comenzar la receta.

2 Precalentar el horno a 175 ºC.

3 En un cuenco, mezclar la harina tamizada, los huevos, la levadura, la mantequilla, el azúcar moreno y sirope de arce al gusto. Batir todo bien con la batidora de varillas hasta que la mezcla quede homogénea.

4 Pelar la manzana, rallarla y agregarla a la mezcla anterior; batir, pero a velocidad baja para que la manzana no se deshaga.

5 Preparar un molde para cupcakes con las cápsulas de papel y rellenarlas con la masa. Introducir el molde en el horno y cocer los cupcakes 20 minutos. Pasado ese tiempo, sacar el molde del horno, esperar 5 minutos antes de desmoldar los cupcakes y dejar enfriar sobre una rejilla.

6 Para cubrir los pastelitos, estirar el fondant blanco con un rodillo y cortar doce círculos de diámetro un poco mayor que el de los cupcakes. Colocar un círculo encima de cada cupcake y aplanarlos con la llana para fondant hasta que se rompa el sobrante en el borde de la cápsula de papel.

7 Estirar el fondant rosa y recortar doce corazones medianos con un cortapastas de esta forma; cortar además seis corazones pequeños para cada cupcake (setenta y dos en total).

8 Colocar un palillo sobre uno de los corazones grandes y presionar para que quede fijo. Clavar el palillo en la superficie del cupcake. Distribuir los corazones pequeños en torno al borde del cupcake y pegarlos con dulce de leche, con cuidado de que este no sobresalga de la superficie del corazoncito (conviene ayudarse con un palillo). Esperar a que el fondant se solidifique.

Rosas de San Valentín

INGREDIENTES

Para 12 unidades

Dificultad: alta

Tiempo: 1 hora y 30 minutos (más el tiempo de secado)

- 115 g de mantequilla
- 120 g de azúcar
- 3 huevos
- ½ cucharadita de colorante rojo
- 60 ml de leche
- 200 g de harina de repostería
- ½ cucharadita de bicarbonato
- 1 cucharadita de levadura química
- 1 ½ cucharada de vinagre de manzana
- sal

Para la cobertura:

- 250 g de nata para montar
- 200 g de queso crema
- colorante alimentario fucsia

Para la decoración:

- 12 cápsulas de papel
- 12 rosas de fondant (ver pág. 40)

PREPARACIÓN

1 Sacar la mantequilla del frigorífico 20 minutos antes de comenzar la receta.

2 Precalentar el horno a 175 °C.

3 En un cuenco batir la mantequilla junto con el azúcar hasta que queden completamente integrados. Incorporar entonces los huevos de uno en uno y seguir batiendo. Cuando la mezcla tenga una textura homogénea, agregar el colorante rojo y mezclar bien para que el color quede uniforme.

4 Incorporar entonces la harina mezclada con la levadura y la leche alternándolos, un poco cada vez, y sin dejar de batir.

5 Aparte, mezclar en un cuenco pequeño una pizca de sal, el vinagre y el bicarbonato. Agregar la mezcla a la masa y batir hasta que todo quede bien integrado.

6 Preparar un molde para cupcakes con las cápsulas de papel y rellenarlas con la masa. Introducir el molde en el horno y cocer los cupcakes 20 minutos. Pasado ese tiempo, sacar el molde del horno y esperar 5 minutos antes de desmoldar los cupcakes y dejarlos enfriar sobre una rejilla.

7 Para preparar la cobertura, hay que cerciorarse de que la nata esté muy fría. Disponerla en un cuenco junto con el queso crema y batir hasta que la mezcla se monte. En ese momento, agregar colorante fucsia y remover hasta conseguir el tono deseado.

8 Introducir la mezcla en una manga pastelera con boquilla estriada y cubrir los cupcakes dando a la cobertura forma de rosa.

9 Por último, decorar los cupcakes con las rosas de fondant.

Cupcakes

t e m á t i c o s

Árboles de Navidad

INGREDIENTES

Para 12 unidades

Dificultad: alta

Tiempo: 1 hora y 30 minutos (más el tiempo de secado)

- 115 g de mantequilla
- 120 g de azúcar
- 3 huevos
- 175 g de harina
- 1 cucharadita de levadura química
- 50 g de cacao en polvo
- 60 ml de leche
- 1 cucharadita de esencia de vainilla

Para la cobertura:

- 150 g de mantequilla
- 200 g de azúcar glas
- 1 cucharada de leche
- esencia de menta
- colorante alimentario verde

Para la decoración:

- 12 cápsulas de papel
- 12 minicucuruchos de helado
- fondant rojo, amarillo y blanco
- purpurina comestible de colores

PREPARACIÓN

1 Sacar la mantequilla del frigorífico 20 minutos antes de comenzar la receta.

2 Precalentar el horno a **175 °C**.

3 En un cuenco, tamizar la harina y la levadura junto con el cacao.

4 En un cuenco aparte, batir la mantequilla con el azúcar, los huevos, la leche y la esencia de vainilla. Cuando todo esté incorporado, agregar la harina y mezclar bien hasta conseguir una masa suave y sin grumos.

5 Preparar un molde para cupcakes con las cápsulas de papel y rellenarlas con la masa. Introducir el molde en el horno y cocer los cupcakes unos 20 minutos. Pasado ese tiempo, sacar el molde del horno y esperar 5 minutos antes de desmoldarlos y dejarlos enfriar sobre una rejilla.

6 Para hacer la cobertura, batir en un cuenco la mantequilla. Incorporar después el azúcar, la esencia de menta y la leche, sin dejar de batir. Agregar colorante verde hasta conseguir el tono deseado, removiendo bien para que quede perfectamente repartido.

7 Cuando esté lista la crema, introducirla en una manga pastelera con una boquilla pequeña y estriada.

8 Colocar un cucurucho boca abajo en el centro de cada cupcake, presionando un poco para que se clave ligeramente en el bizcocho. Cubrir todo el cono con la cobertura.

9 Para decorar el árbol, estirar todos los fondants y formar estrellitas pequeñas y bolitas. Pasarlas por las purpurinas de colores y dejar secar. Cuando estén secos, colocar los adornos navideños sobre la cobertura.

Cupcakes temáticos

Renos de crema de turrón

INGREDIENTES

Para 12 unidades

Dificultad: media

Tiempo: 1 hora y 30 minutos

- 200 g de harina
- 120 g de azúcar
- 60 ml de nata líquida
- 2 huevos
- 125 g de mantequilla
- 1 cucharadita de levadura química
- 2 cucharadas de crema de turrón

Para la cobertura:

- 150 g de mantequilla
- 150 g de azúcar glas
- 5 cucharadas de crema de turrón
- colorante alimentario marrón

Para la decoración:

- 12 cápsulas de papel
- fondant marrón y rojo

PREPARACIÓN

1 Sacar la mantequilla del frigorífico 20 minutos antes de comenzar la receta.

2 Precalentar el horno a 175 ºC.

3 En un cuenco, batir la mantequilla junto con el azúcar hasta obtener una crema suave. Incorporar entonces los huevos de uno en uno. A continuación, agregar la nata líquida sin dejar de batir, así como la crema de turrón.

4 En un cuenco aparte, tamizar la harina con la levadura. Agregarla a la preparación anterior, mezclando bien para que se integre por completo y no queden grumos.

5 Preparar un molde para cupcakes con las cápsulas de papel y rellenarlas con la masa. Introducir el molde en el horno y cocer los cupcakes unos 20 minutos. Pasado ese tiempo, sacar el molde del horno y esperar 5 minutos antes de desmoldarlos y dejarlos enfriar sobre una rejilla.

6 Para hacer la cobertura, en un cuenco mezclar la mantequilla, el azúcar glas y la crema de turrón, y batir hasta que la crema tenga una textura homogénea. En ese momento, agregar colorante marrón, sin dejar de batir, hasta obtener el tono deseado.

7 Introducir la crema en una manga pastelera con una boquilla estriada y cubrir los cupcakes.

8 Para la decoración, amasar el fondant marrón y modelar veinticuatro cuernos de reno del mismo tamaño. Con el fondant rojo, formar doce bolitas para la nariz. Cuando las piezas estén secas, colocarlas sobre la cobertura.

Velas de Navidad

INGREDIENTES

Para 12 unidades

Dificultad: alta

Tiempo: 1 hora y 30 minutos
(más el tiempo de secado)

- 115 g de mantequilla
- 120 g de azúcar moreno
- 60 ml de leche
- 150 g de cacao en polvo
- 3 huevos
- 180 g de harina de repostería
- 70 ml de té verde
- 1 ½ cucharadita de levadura química
- sal

Para la crema de mantequilla:

- 250 g de mantequilla
- 250 g de azúcar glas
- 4 cucharadas de leche
- colorante alimentario verde

Para la decoración:

- 12 cápsulas de papel
- fondant blanco, rojo y dorado
- pegamento comestible

PREPARACIÓN

1 Sacar la mantequilla del frigorífico 20 minutos antes de comenzar la receta.

2 Precalentar el horno a 175 ºC.

3 En un cuenco, mezclar la mantequilla, la leche y el azúcar moreno. Batir hasta que la mezcla quede suave. Agregar entonces los huevos de uno en a uno sin dejar de batir. Agregar el té verde y volver a mezclar.

4 En un cuenco aparte, tamizar la harina junto con la levadura, el cacao y una pizca de sal. Agregar a la preparación anterior, mezclando bien, hasta que la masa tenga una textura homogénea y sin grumos.

5 Preparar un molde para cupcakes con las cápsulas de papel y rellenarlas con la masa. Introducir el molde en el horno y cocer los cupcakes unos 20 minutos. Pasado ese tiempo, sacar el molde del horno y esperar 5 minutos antes de desmoldarlos y dejarlos enfriar sobre una rejilla.

6 Para preparar la crema de mantequilla, batir en un cuenco la mantequilla junto con la leche y el azúcar glas hasta conseguir una crema de textura suave. En ese momento, y sin dejar de batir, añadir colorante verde hasta lograr el tono deseado. Introducir la crema en una manga pastelera con una boquilla pequeña y estriada; reservar.

7 Para la decoración, amasar el fondant rojo y hacer un churro de 5 mm de diámetro. Cortarlo en dieciocho trozos de unos 3 cm de largo y darles forma de vela. Hacer lo mismo con el fondant dorado. En cuanto a las llamas, modelarlas con fondant blanco. Con más fondant blanco y dorado, elaborar unas bolitas pequeñas, para decorar la guirnalda verde. Dejar secar todo durante unas horas.

8 Cuando todo esté seco, pegar las llamas a las velas con pegamento comestible.

9 Estirar con un rodillo más fondant blanco y cortar doce círculos de un diámetro ligeramente superior al de los cupcakes. Cubrirlos con los círculos de fondant y, con la ayuda de una llana, alisar y recortar el fondant justo al ras de las cápsulas de papel. Dejar secar.

10 Pegar entonces tres velas en el centro de cada cupcake. Formar alrededor de los grupos de velas unas guirnaldas verdes con la crema de mantequilla, y repartir sobre las guirnaldas las bolitas blancas y doradas.

Cupcakes temáticos

Montañas de nieve de coco

INGREDIENTES

Para 12 unidades

Dificultad: media

Tiempo: 1 hora y 30 minutos (más el tiempo de secado)

- 115 g de mantequilla
- 200 g de harina
- 120 g de azúcar
- 3 huevos
- 1 cucharadita de levadura química
- ½ cucharadita de aroma de coco
- 3 cucharaditas de coco rallado

Para la cobertura:

- 170 g de mantequilla
- 300 g de azúcar glas
- ½ cucharadita de aroma de coco
- 2 cucharadas de leche

Para la decoración:

- 12 cápsulas de papel
- coco rallado
- fondant blanco

PREPARACIÓN

1 Sacar la mantequilla del frigorífico 20 minutos antes de comenzar la receta.

2 Precalentar el horno a 175 ºC.

3 En un cuenco, batir la mantequilla junto con el azúcar hasta que la mezcla se aclare y tenga una textura cremosa. Incorporar entonces los huevos uno a uno e integrarlos en la masa. Por último, añadir el coco rallado y el aroma de coco, y mezclar.

4 En un cuenco aparte, tamizar la harina con la levadura. Añadirla a la mezcla anterior, batiendo hasta que se integre por completo.

5 Preparar un molde para cupcakes con las cápsulas de papel y rellenarlas con la masa. Introducir el molde en el horno y cocer los cupcakes unos 20 minutos. Pasado ese tiempo, sacar el molde del horno y esperar 5 minutos antes de desmoldarlos y dejarlos enfriar sobre una rejilla.

6 Para hacer la cobertura, batir la mantequilla en un cuenco junto con el azúcar, la leche y el aroma de coco. Deberá obtener una crema con una textura suave y homogénea.

7 Introducir la crema en una manga pastelera con una boquilla gruesa rizada y cubrir los cupcakes. Espolvorear la cobertura con abundante coco rallado.

8 Para la decoración, estirar el fondant en una lámina fina y cortar copos de nieve con un cortapastas. Esperar a que se sequen y colocarlos sobre la cobertura.

Molinillos de licor de mora

INGREDIENTES

Para 12 unidades

Dificultad: alta

**Tiempo: 1 hora y 30 minutos
(más el tiempo de secado)**

- 2 huevos
- 100 ml de aceite de oliva suave
- 100 ml de leche
- 200 g de harina de repostería
- 100 g de azúcar
- 1 cucharada de licor de mora
- 6 piruletas rojas
- 1 cucharadita de esencia de vainilla
- 1 cucharadita de levadura química
- una pizca de sal

Para la cobertura:

- 250 g de mantequilla
- 250 g de azúcar glas
- 3 gotas de esencia de vainilla
- 3 cucharadas de licor de mora
- colorante alimentario rojo

Para la decoración:

- 12 cápsulas de papel
- 12 palillos
- fondant rosa y blanco
- pegamento comestible
- bolitas de azúcar de colores

PREPARACIÓN

1 Sacar la mantequilla del frigorífico 20 minutos antes de comenzar la receta.

2 Precalentar el horno a 175 ºC.

3 En un mortero, triturar las piruletas. Poner un cazo a fuego muy suave y calentar al baño maría los trocitos de piruleta junto con la leche. Sin dejar de remover, calentar hasta que el caramelo se haya disuelto. Reservar.

4 En un cuenco, tamizar la harina, la levadura y la sal. Batir en otro cuenco el aceite junto con el azúcar, hasta que la mezcla quede homogénea. Incorporar entonces los huevos de uno en uno. A continuación, sin dejar de batir, agregar la mezcla de leche y piruleta, el licor de mora y la esencia de vainilla.

5 Cuando todo esté integrado, añadir los ingredientes tamizados y remover hasta que la harina quede completamente integrada.

6 Preparar un molde para cupcakes con las cápsulas de papel y rellenarlas con la masa. Introducir el molde en el horno y cocer los cupcakes unos 20 minutos. Pasado ese tiempo, sacar el molde del horno y esperar 5 minutos antes de desmoldar los cupcakes y dejarlos enfriar sobre una rejilla.

7 Para elaborar la cobertura, batir en un cuenco el azúcar junto con la mantequilla hasta que quede una mezcla esponjosa. Incorporar entonces la esencia de vainilla y el licor de mora. Batir bien y agregar por último colorante rojo hasta conseguir el tono deseado. Introducir la crema en una manga pastelera con boquilla estriada y cubrir los cupcakes.

8 Para la decoración, estirar los dos fondants y cortar doce cuadrados de 4 cm de lado, seis de cada color. Practicar un corte en los vértices sin llegar hasta el centro y doblar las puntas alternativamente hacia el centro.

9 Modelar unas estrellitas, seis de color rosa y seis de color blanco, y pegarlas con pegamento comestible en el centro de cada molinillo, alternando el color con estos. Dejar secar y después, pegar palillos en la parte trasera de los molinillos con pegamento comestible. Por último, clavar los molinillos en los cupcakes y espolvorear con las bolitas de colores.

Cupcakes de merengue anisados

INGREDIENTES

Para 12 unidades

Dificultad: media

Tiempo: 1 hora y 30 minutos (más el tiempo de secado)

- 115 g de mantequilla
- 120 g de azúcar
- 3 huevos grandes
- 60 ml de leche
- 200 g de harina de repostería
- 1 ½ cucharadita de levadura química
- unas gotas de aroma de anís

Para el merengue:

- 100 g de azúcar
- 2 claras de huevo
- 1 cucharadita de licor de anís

Para la cobertura:

- 200 g de azúcar glas
- 200 g de mantequilla
- unas gotas de esencia de anís estrellado

Para la decoración:

- 12 cápsulas de papel
- 24 figuritas de fondant de motivos infantiles

PREPARACIÓN

1 Sacar la mantequilla del frigorífico unos 20 minutos antes de comenzar la receta.

2 Precalentar el horno a 175 °C.

3 Batir en un cuenco la mantequilla y el azúcar con unas varillas eléctricas durante 2 minutos, hasta obtener una mezcla de textura ligera y espumosa. Sin dejar de batir, añadir los huevos de uno en uno y, a continuación, la leche.

4 En otro cuenco, tamizar la harina junto con la levadura. Después incorporarlas poco a poco a la mezcla anterior y, sin dejar de batir, añadir el aroma de anís. Mezclar bien hasta conseguir una masa homogénea.

5 Preparar un molde para cupcakes con doce cápsulas de papel y repartir la masa. Hornear los cupcakes 20 minutos. Pasado ese tiempo, sacar el molde del horno y esperar 5 minutos antes de desmoldar los cupcakes y dejarlos enfriar sobre una rejilla.

6 Para preparar el merengue, poner a hervir agua en un cazo y colocar sobre este un cuenco con las claras y el azúcar; batir bien y agregar el anís sin dejar de batir. Remover la mezcla durante 5 minutos, hasta que quede una espuma consistente y los granos de azúcar se hayan disuelto. Apartar el cuenco del fuego y montar las claras azucaradas con unas varillas eléctricas durante 6-8 minutos, hasta conseguir un merengue firme y blanco. Echar el merengue en una manga pastelera con una boquilla de estrella.

7 Cortar un triángulo en la superficie de los cupcakes y retirar parte de la masa. Rellenarlos con merengue y volver a taparlos.

8 Para preparar la cobertura, poner la mantequilla en un cuenco y batir a velocidad baja; sin dejar de hacerlo, incorporar el azúcar poco a poco, hasta que quede una crema suave. Añadir unas gotas de esencia de anís estrellado y volver a batir. Introducir la mezcla en una manga pastelera con una boquilla rizada y cubrir los cupcakes.

9 Para decorar, poner dos figurillas pequeñas con motivos infantiles en cada cupcake.

- 200 g de harina de repostería
- 1 ½ cucharadita de levadura química
- 60 ml de leche de soja
- unas gotas de aroma de algodón de azúcar
- colorante alimentario rosa

Para la cobertura:

- 2 claras de huevo
- 120 g de azúcar
- 65 ml de agua
- 1 cucharada de sirope de maíz
- 1 cucharadita de aroma de algodón de azúcar
- colorante alimentario rosa

Para la decoración:

- 12 cápsulas de papel

5 Agregar la leche de soja y el aroma de algodón de azúcar, y batir de nuevo. Por último, y sin dejar de batir, añadir colorante rosa hasta lograr el tono deseado.

6 Preparar un molde para cupcakes con las cápsulas de papel y rellenarlas con la masa. Introducir el molde en el horno y cocer los cupcakes unos 20 minutos. Pasado ese tiempo, sacar el molde del horno y esperar 5 minutos antes de desmoldar los cupcakes y dejarlos enfriar sobre una rejilla.

7 Para elaborar la cobertura, poner un cazo al fuego con el agua, el sirope y el azúcar. Calentar hasta que se alcancen unos 120 ºC, es decir, hasta conseguir un almíbar en punto de bola blanda.

8 Mientras tanto, montar las claras a punto de nieve y, cuando el almíbar esté en su punto, ir incorporándolo a las claras, sin dejar de batir, hasta que se integre por completo. Agregar el aroma de algodón de azúcar y el colorante rosa. Batir hasta que la mezcla quede bien homogénea.

9 Introducir la crema en una manga pastelera con una boquilla estriada y cubrir los cupcakes como se muestra en la foto.

- 115 g de mantequilla
- 120 g de azúcar
- 125 g de harina de repostería
- 75 g de avellana molida
- 60 ml de leche
- 3 huevos
- 1 cucharadita de levadura química

Para la decoración:

- 12 cápsulas de papel
- fondant blanco
- bolitas de azúcar de color blanco
- pegamento comestible

4 Tamizar la harina junto con la levadura e ir añadiéndolas poco a poco a la preparación anterior; batir hasta que todo quede integrado.

5 Agregar la leche y mezclar. Por último, añadir la avellana molida y batir bien hasta que todo quede integrado.

6 Preparar un molde para cupcakes con las cápsulas de papel y rellenarlas con la masa. Introducir el molde en el horno y cocer los cupcakes unos 20 minutos. Pasado ese tiempo, sacar el molde del horno y esperar 5 minutos antes de desmoldar los cupcakes y dejarlos enfriar sobre una rejilla.

7 Para cubrir los cupcakes, estirar el fondant blanco y con un cortapastas cortar doce círculos de diámetro un poco mayor que el de los cupcakes, para que puedan cubrirlos por completo. Con otro cortapastas en forma de corazón, cortar doce piezas y reservarlas. Untar con mantequilla la superficie del cupcake y colocar un círculo de fondant encima. Con una llana para fondant, alisar concienzudamente la superficie de los cupcakes. Con la ayuda de un palillo, realizar unas estrías desde los bordes al centro, tal como se aprecia en la foto. Poner bolitas blancas alrededor del círculo de fondant.

8 Cortar la parte de abajo de cada corazón y dejarlos secar. Una vez estén secos, colocarlos de uno en uno sobre cada cupcake, pegándolos con pegamento comestible. Para finalizar, poner alrededor de cada corazón unas bolitas blancas de caramelo, pegándolas con más pegamento. ¡Vivan las novias!

Cupcakes
temáticos

Rosas de cava y frambuesa

INGREDIENTES

Para 12 unidades

Dificultad: media

Tiempo: 1 hora y 30 minutos
(más el tiempo de secado)

- 115 g de mantequilla
- 120 g de azúcar
- 200 g de harina de repostería
- 1 ½ cucharadita de levadura química
- 60 ml de leche
- 40 ml de cava
- 2 huevos

Para el relleno:

- 200 g de frambuesas
- 120 g de azúcar

Para la decoración:

- 12 cápsulas de papel
- fondant dorado y blanco
- pegamento comestible

PREPARACIÓN

1 Sacar la mantequilla del frigorífico unos 20 minutos antes de comenzar la receta.

2 Precalentar el horno a 175 °C.

3 Para hacer la masa de los cupcakes, batir en un cuenco la mantequilla junto con el azúcar con unas varillas eléctricas durante 2 o 3 minutos, hasta que la mezcla se integre y claree; añadir los huevos uno a uno, sin dejar de batir, hasta que todo quede completamente integrado. Reservar.

4 En otro cuenco, tamizar la harina junto con la levadura y, después, añadir la mitad a la mezcla anterior. Sin dejar de batir, verter la leche y seguir batiendo a velocidad baja. A continuación, y sin dejar de batir, añadir el resto de la harina y levadura tamizadas, y el cava. Seguir batiendo hasta conseguir que todo quede perfectamente integrado.

5 Preparar un molde para cupcakes con doce cápsulas de papel y repartir la masa hasta llenar dos tercios de cada cápsula. Hornear los cupcakes durante 20 minutos. Pasado ese tiempo, sacar el molde del horno y esperar 5 minutos antes de desmoldar los cupcakes y dejarlos enfriar sobre una rejilla.

6 Para preparar el relleno, poner las frambuesas y el azúcar en un cazo al fuego y, sin dejar de remover, cocer a fuego lento durante 2 minutos, hasta que las frambuesas y el azúcar tengan una consistencia parecida a un puré. Retirar del fuego y dejar que se enfríe. Una vez que los cupcakes se hayan enfriado, cortar un triángulo en la superficie de los cupcakes y rellenar con una cucharadita de esta mermelada de frambuesa. Volver a taparlos con la masa.

7 Para la decoración, estirar el fondant blanco con un rodillo y cortar doce círculos unos 3 cm más grandes que el diámetro de los cupcakes. Colocar los círculos encima de los cupcakes y con una llana para fondant ir alisando la superficie hasta que el fondant se corte solo con los bordes de la cápsula.

8 Para hacer las rosas, amasar el fondant dorado y formar unas diez bolitas por rosa (ciento veinte en total). Introducir las bolitas de una en una en una bolsa de plástico de uso alimentario y estirarlas con el rodillo. Sacarlas de la bolsa y unir los «pétalos», uno a uno, con pegamento hasta formar la rosa. Pegar la rosa en el centro de los cupcakes con pegamento comestible y esperar a que se seque.

Cupcakes temáticos

Cupcakes de gintonic

INGREDIENTES

Para 12 unidades

Dificultad: alta

Tiempo: 1 hora y 30 minutos (más el tiempo de secado)

- 115 g de mantequilla
- 120 g de azúcar
- 3 huevos
- 200 g de harina de repostería
- 1 cucharadita de levadura química
- 4 cucharadas de tónica
- 2 cucharadas de ginebra
- esencia de vainilla
- la ralladura de 1 lima

Para la cobertura:

- 250 g de mantequilla
- 250 g de azúcar glas
- 2 cucharadas de zumo de lima

Para la decoración:

- 12 cápsulas de papel
- fondant blanco, rosa y rojo
- pegamento comestible

PREPARACIÓN

1. Sacar la mantequilla del frigorífico unos 20 minutos antes de comenzar la receta.

2. Precalentar el horno a 175 °C.

3. En un cuenco, batir la mantequilla, el azúcar y la ralladura de lima durante 2 minutos con unas varillas eléctricas, hasta conseguir una textura ligera y espumosa. Sin dejar de batir, añadir los huevos de uno en uno y, a continuación, incorporar la tónica y la ginebra. Batir durante 2 minutos más.

4. En otro cuenco, tamizar la harina junto con la levadura. Después, incorporarlas poco a poco a la mezcla anterior y, sin dejar de batir, añadir unas gotas de esencia de vainilla. Mezclar hasta conseguir una masa homogénea.

5. Preparar un molde para cupcakes con las cápsulas de papel y repartir la masa. Hornear los cupcakes durante 20 minutos. Pasado ese tiempo, sacar el molde del horno y esperar 5 minutos antes de desmoldar los cupcakes y dejarlos enfriar sobre una rejilla.

6. Para preparar la cobertura, batir en un cuenco la mantequilla, el azúcar glas y el zumo de lima hasta que los ingredientes estén totalmente integrados.

7. Echar la crema en una manga pastelera con una boquilla de estrella. Cortar un triángulo en la superficie de los cupcakes y retirar parte de la masa. Rellenar con la crema y volver a taparlos. Por último, cubrir con la misma crema la superficie del cupcake.

8. Para la decoración, estirar con un rodillo el fondant de los tres colores. Cortar unos trocitos de cada uno y enrollarlos para formar pequeños conos; una vez terminados, pegarlos entre sí con pegamento comestible hasta formar un ramo de flores. Cuando los ramos estén completamente secos, pegarlos sobre cada cupcake con pegamento comestible.

Cupcakes de golosinas

INGREDIENTES

Para 12 unidades

Dificultad: media

Tiempo: 1 hora y 30 minutos
(más el tiempo de secado)

- 115 g de mantequilla
- 130 g de azúcar moreno
- 50 ml de leche
- 200 g de harina de repostería
- unas gotas de esencia de vainilla
- 2 cucharadas de sirope de caramelo
- 3 huevos
- 1 cucharadita de levadura química

Para la cobertura:

- 200 g de azúcar glas
- 200 g de mantequilla
- 2 cucharadas de sirope de caramelo
- 1 cucharada de leche
- unas gotas de esencia de vainilla
- colorante alimentario amarillo

Para la decoración:

- 12 cápsulas de papel
- 24 palillos
- fondant blanco, verde, rojo y amarillo
- rotulador de tinta comestible de color rojo y verde
- pegamento comestible

PREPARACIÓN

1 Sacar la mantequilla del frigorífico unos 20 minutos antes de empezar con la receta.

2 Precalentar el horno a 175 ºC.

3 Para elaborar los cupcakes, batir en un cuenco la mantequilla con el azúcar moreno hasta lograr una crema de textura ligera y suave. Incorporar entonces, sin dejar de batir, los huevos de uno en uno. A continuación, verter la leche y el sirope de caramelo, y seguir batiendo hasta que todo quede incorporado.

4 En un cuenco aparte, tamizar la harina y la levadura, y agregar esta mezcla a la anterior junto con la esencia de vainilla, batiendo a velocidad baja. Debemos obtener una masa lisa y sin grumos.

5 Preparar un molde para cupcakes con las cápsulas de papel y rellenarlas con la masa. Introducir el molde en el horno y cocer los cupcakes unos 20 minutos. Pasado ese tiempo, sacar el molde del horno y esperar 5 minutos antes de desmoldar los cupcakes y dejarlos enfriar sobre una rejilla.

6 Para elaborar la cobertura, calentar en un cazo a fuego suave la mantequilla junto con el azúcar glas y la leche. Cuando la mantequilla esté fundida, sin dejar de remover, incorporar el sirope y la esencia de vainilla. Por último, añadir colorante para obtener el tono deseado. Retirar en ese momento el cazo del fuego y batir bien con unas varillas de mano. Dejar enfriar la cobertura hasta que tenga la consistencia adecuada para poder untarla.

7 Para la decoración, estirar el fondant blanco y, con un cortador, hacer veinticuatro círculos de 1,5 cm de diámetro. Dejar secar. Cuando estén secos, pintar espirales en los círculos con el rotulador. Pegarles un palillo usando pegamento comestible.

8 Amasar más fondant blanco y dar forma a cuarenta y ocho bolitas, aplastándolas ligeramente; serán los caramelos redondos. Dejar secar y pintar veinticuatro con el rotulador de tinta roja y el resto adornarlas con tiras de fondant rojo, verde y amarillo, que se deben adherir con pegamento comestible.

9 Amasar el fondant verde y cortar doce rectángulos de 0,5 cm de ancho por 2 cm de largo. Retorcer los extremos para simular el papel de un caramelo y dejar secar.

10 Cuando los cupcakes estén fríos, untarlos con la cobertura y disponer encima todas las golosinas de fondant.

Flores de vainilla

INGREDIENTES

Para 12 unidades

Dificultad: media

Tiempo: 1 hora y 30 minutos (más el tiempo de secado)

- 200 g de harina de repostería
- 1 cucharadita de levadura química
- 115 g de mantequilla
- 120 g de azúcar
- 3 huevos
- 1 cucharadita de esencia de vainilla
- 60 ml de leche

Para la cobertura:

- fondant blanco

Para la decoración:

- 12 cápsulas de papel
- fondant rosa, amarillo y verde
- pegamento comestible

PREPARACIÓN

1. Sacar la mantequilla del frigorífico 20 minutos antes de comenzar la receta.

2. Precalentar el horno a 175 ºC.

3. En un cuenco grande, batir la mantequilla junto con el azúcar hasta obtener una crema suave y consistente. Incorporar los huevos de uno en uno y batir hasta que se integren del todo. Añadir la leche y volver a mezclar. A continuación, agregar la esencia de vainilla y, sin dejar de batir, incorporar la harina y la levadura, previamente tamizadas. Mezclar hasta que todo se integre bien.

4. Preparar un molde para cupcakes con las cápsulas de papel y rellenarlas con la masa. Introducir el molde en el horno y cocer los cupcakes unos 20 minutos. Pasado ese tiempo, sacar el molde del horno y esperar 5 minutos antes de desmoldar los cupcakes y dejarlos enfriar sobre una rejilla.

5. Para cubrir los cupcakes, estirar con un rodillo el fondant blanco y cortar doce círculos de un diámetro ligeramente superior al de los cupcakes. Cubrirlos con los círculos y, con ayuda de una llana, alisar y recortar el fondant justo en los bordes de las cápsulas de papel.

6. Para hacer las flores, estirar el fondant amarillo y el rosa, y cortar con un cortapastas doce flores medianas, seis de cada color. Hacer lo mismo cortando esta vez flores más pequeñas, seis rosas y seis amarillas. Cortar también seis círculos pequeños rosas y seis amarillos

7. Para hacer las hojas, estirar el fondant verde y cortar doce hojas con un cortapastas. Con un palillo, dibujar las nervaduras.

8. Cuando todo esté seco, con pegamento comestible, pegar en el cupcake una hoja, encima una flor grande de un color y una flor pequeña del otro color. Pegar los círculos del mismo color que la flor grande.

- 115 g de mantequilla
- 120 g de azúcar
- 3 huevos
- 200 g de harina de repostería
- 60 ml de leche
- 1 ½ cucharadita de levadura química
- aroma de sandía
- colorante alimentario verde

Para la cobertura:

- 100 g de mantequilla
- 200 g de azúcar glas
- 1 cucharadita de agua
- aroma de sandía
- colorante alimentario rojo

Para la decoración:

- 12 cápsulas de papel
- fondant negro, rojo y verde
- pegamento comestible
- pepitas de chocolate negro

uno en uno, integrando bien uno antes de añadir otro. Agregar la leche y mezclar.

4 Tamizar la harina junto con la levadura y agregarlas poco a poco a la mezcla anterior.

5 Incorporar, a continuación, el colorante verde y el aroma de sandía. Batir bien hasta que todo quede completamente integrado.

6 Preparar un molde para cupcakes con las cápsulas de papel y rellenarlas con la masa. Introducir el molde en el horno y cocer los cupcakes unos 20 minutos. Pasado ese tiempo, sacar el molde del horno y esperar 5 minutos antes de desmoldar los cupcakes y dejarlos enfriar sobre una rejilla.

7 Para hacer la cobertura, batir en un cuenco la mantequilla junto con el azúcar glas. Incorporar el agua y batir durante unos minutos más. Agregar, por último, el aroma de sandía y colorante rojo hasta lograr el tono deseado, todo ello sin dejar de batir. Introducir la crema en una manga pastelera con una boquilla estriada y cubrir los cupcakes.

8 Para la decoración, amasar el fondant rojo y formar veinticuatro medialunas gruesas, que serán las rodajas de sandía. Con el fondant verde, realizar veinticuatro tiras del mismo grosor que las rodajas de sandía y pegarlas a estas con pegamento comestible. Modelar unas pepitas chiquitinas con fondant negro y pegarlas a la «pulpa» de las rodajas de sandía. Una vez que todas las piezas estén secas, colocar en cada cupcake dos rodajas y repartir las pepitas de chocolate.

Cupcakes de muñecos de nieve

INGREDIENTES

Para 12 unidades

Dificultad: alta

**Tiempo: 1 hora y 30 minutos
(más el tiempo de secado)**

- 115 g de mantequilla
- 120 g de azúcar
- 200 g de harina de repostería
- 3 huevos
- 60 ml de leche
- ½ cucharadita de esencia de vainilla
- 1 cucharadita de levadura química

Para la cobertura:

- 250 g de queso crema
- 125 g de mantequilla
- 500 g de azúcar glas
- 1 cucharadita de esencia de vainilla

Para la decoración:

- 12 cápsulas de papel
- fondant blanco, marrón y naranja
- pegamento comestible

PREPARACIÓN

1. Sacar la mantequilla del frigorífico 20 minutos antes de comenzar la receta.

2. Precalentar el horno a 175 °C.

3. En un cuenco, mezclar la mantequilla junto con el azúcar y batir hasta que la mezcla quede suave y homogénea. A continuación, agregar los huevos de uno en uno y, cuando estén bien mezclados, verter la leche y la esencia de vainilla. Batir hasta que todo quede completamente integrado.

4. Tamizar la harina junto con la levadura y agregarla a la mezcla anterior. Batir bien hasta que se integre por completo.

5. Preparar un molde para cupcakes con las cápsulas de papel y rellenarlas con la masa. Introducir el molde en el horno y cocer los cupcakes unos 20 minutos. Pasado ese tiempo, sacar el molde del horno y esperar 5 minutos antes de desmoldar los cupcakes y dejarlos enfriar sobre una rejilla.

6. Para hacer la cobertura, batir en un cuenco el queso crema con la mantequilla, el azúcar glas y la esencia de vainilla hasta conseguir una crema muy espesa, suave y consistente.

7. Introducir la crema en una manga pastelera con una boquilla estriada y cubrir los cupcakes formando una montaña.

8. Para la decoración, modelar doce bolitas de fondant blanco (el cuerpo del muñeco) y luego otras doce bolitas más pequeñas (la cabeza del muñeco). Cuando estén secas, pegar las cabezas a los cuerpos. Estirar el fondant marrón y realizar doce sombreros, modelando conos y círculos, y pegando estos a los primeros. También con fondant marrón modelar las bufandas y hacer bolitas muy pequeñas para los botones y los ojos. Cuando todo esté seco, pegarlo con pegamento comestible. Con el fondant naranja modelar doce naricitas para los muñecos, como si fueran zanahorias, y pegarlas con más pegamento comestible.

9. Una vez que los muñecos estén montados y secos, colocar uno sobre cada montaña de nieve.

Cupcakes de calabaza

INGREDIENTES

Para 12 unidades

Dificultad: alta

Tiempo: 1 hora y 30 minutos (más el tiempo de secado)

- 180 g de harina
- 50 g de miel
- 80 g de azúcar
- 1 cucharadita de levadura química
- 60 g de mantequilla
- 60 ml de leche
- 2 huevos
- 100 g de puré de calabaza

Para la decoración:

- 12 cápsulas de papel
- fondant naranja
- fondant verde
- fondant blanco
- bolitas de azúcar de color naranja
- pegamento comestible

PREPARACIÓN

1 Sacar la mantequilla del frigorífico 20 minutos antes de comenzar la receta

2 Precalentar el horno a 175 °C.

3 En un cuenco, batir la mantequilla con el azúcar y la miel hasta que la mezcla quede homogénea y suave. Incorporar los huevos de uno en uno, integrando bien uno antes de añadir otro. Agregar la leche y el puré de calabaza. Mezclar.

4 Tamizar la harina junto con la levadura y agregarlas poco a poco a la mezcla anterior.

5 Preparar un molde para cupcakes con las cápsulas de papel y rellenar estos con la masa. Introducir el molde en el horno y cocer los cupcakes durante unos 20 minutos. Pasado ese tiempo, sacar el molde del horno y esperar 5 minutos antes de desmoldar los cupcakes y dejarlos enfriar sobre una rejilla.

6 Para la decoración, amasar el fondant naranja y formar 12 pequeñas calabazas. Con el fondant verde, hacer 12 tallos. Dejar secar y pegar con pegamento comestible los tallos en las calabazas.

7 Con el fondant blanco, cortar doce flores pequeñas con un cortador. Dejar secar y, después, pegar con pegamento comestible una bolita de azúcar en el centro de cada una de las flores.

8 Extender más fondant verde con un rodillo hasta lograr una lámina de unos 2 mm de grosor. Cortar círculos con un diámetro ligeramente más grande que el de los cupcakes y cubrir estos. Con la ayuda de una llana para fondant, alisar la superficie y presionar en los bordes de las cápsulas para que queden lo más lisos posible.

9 Por último, con más pegamento, pegar las calabazas y las flores en la superficie de los cupcakes.

Minicupcakes

Minicupcakes de merengue de menta

INGREDIENTES

Para 24 unidades

Dificultad: alta

Tiempo: 1 hora (más el tiempo de refrigeración)

- 115 g de mantequilla
- 120 g de azúcar
- 180 g de harina de repostería
- 80 g de cacao en polvo
- 60 ml de leche
- 3 huevos
- 1 cucharadita de vainilla en pasta
- 1 cucharadita de levadura química
- ½ cucharadita de bicarbonato
- ½ cucharadita de sal
- 1 cucharada de vinagre
- 100 g de chocolate negro para fundir

Para el merengue:

- 300 ml de nata líquida
- 2 cucharadas de azúcar glas
- 2 cucharadas de menta en pasta

Para la decoración:

- 24 cápsulas de papel pequeñas
- un soplete para caramelizar

PREPARACIÓN

1 Sacar la mantequilla del frigorífico 20 minutos antes de comenzar la receta.

2 Precalentar el horno a 175 °C.

3 Preparar un suero de leche vertiendo en un cuenco la leche y el vinagre; dejar reposar la mezcla 10 o 15 minutos; reservar.

4 En otro cuenco, tamizar la harina con el cacao, la levadura, el bicarbonato y la sal; reservar.

5 Echar en un cuenco grande la mantequilla y el azúcar y, con unas varillas eléctricas, batir hasta que se integren. Añadir los huevos de uno en uno y seguir batiendo a velocidad baja hasta conseguir una mezcla homogénea. Añadir entonces el suero de leche y la vainilla en pasta, y batir.

6 Por último, incorporar poco a poco los ingredientes secos tamizados, batiendo hasta obtener una masa esponjosa, homogénea y sin grumos.

7 Preparar un molde de minicupcakes con veinticuatro cápsulas de papel y repartir la masa hasta cubrir la mitad. Echar un trocito de chocolate para fundir en el centro de cada minicupcake y echar un poco más de masa. Hornear durante 10-12 minutos. Pasado ese tiempo, sacar el molde y esperar 5 minutos antes de desmoldar los minicupcakes y dejarlos enfriar sobre una rejilla.

8 Para elaborar el merengue, echar en un cuenco la nata y batir hasta que tenga una textura espesa; en ese momento, añadir el azúcar glas y la menta en pasta, y acabar de montar la nata.

9 Introducir la mezcla en una manga pastelera con boquilla redonda y cubrir los minicupcakes.

10 Dejarlos reposar en el frigorífico hasta que el merengue se haya asentado y entonces, sirviéndose de un soplete, tostar ligeramente el merengue.

Minicupcakes de crema de nubes

INGREDIENTES

Para 24 unidades

Dificultad: media

Tiempo: 1 hora y 30 minutos

- 200 g de harina de repostería
- 115 g de mantequilla
- 120 g de azúcar
- 60 ml de leche
- 2 huevos grandes
- ½ cucharadita de esencia de vainilla
- 1 ½ cucharadita de levadura química
- 1 vaina de vainilla

Para el relleno:

- sirope de fresa

Para la cobertura:

- 250 g de mantequilla
- 250 g de azúcar glas
- 100 g de crema de nubes (o marshmallow fluff)*
- colorante alimentario rosa en gel

Para la decoración:

- 24 cápsulas de papel pequeñas
- estrellitas de azúcar blancas

PREPARACIÓN

1 Sacar la mantequilla del frigorífico 20 minutos antes de comenzar la receta.

2 Precalentar el horno a 175 °C.

3 En un cuenco, tamizar la harina con la levadura.

4 Cortar por la mitad a lo largo la vaina de vainilla y, con la punta de un cuchillo, extraer las semillas. Mezclarlas en otro cuenco con la leche y la esencia de vainilla; remover con una cuchara de madera.

5 En un cuenco aparte, echar la mantequilla y el azúcar y, con unas varillas eléctricas, batir a velocidad media durante 3 minutos, hasta que blanquee la mezcla. Añadir los huevos uno a uno, sin dejar de batir, hasta que queden integrados. A continuación, incorporar un tercio de la mezcla de harina y batir hasta que se integren; después, añadir la mitad de la leche vainillada; a continuación, otro tercio de la mezcla de harina; agregar el resto de la leche vainillada y por último, el resto de la mezcla de harina y batir hasta obtener una textura homogénea y sin grumos.

6 Preparar un molde de minicupcakes con veinticuatro cápsulas de papel y repartir la masa hasta cubrir dos tercios de su altura, para que no suban en exceso. Hornear los minicupcakes durante 10-12 minutos. Pasado ese tiempo, sacar el molde del horno y esperar 5 minutos antes de desmoldar los minicupcakes y dejarlos enfriar sobre una rejilla.

7 Una vez que se hayan enfriado, extraer un trozo de los minicupcakes con un descorazonador y rellenarlos con una cucharadita de sirope de fresa. Volver a taparlos con la masa.

8 Para elaborar la cobertura, echar en cuenco la mantequilla y el azúcar glas y, con unas varillas eléctricas, batir hasta que la mezcla blanquee y aumente de volumen. Añadir entonces la crema de nubes (marshmallow fluff), y colorante rosa en gel, y batir hasta que la textura sea cremosa y esté todo bien integrado.

9 Introducir la mezcla en una manga pastelera con boquilla rizada y cubrir los minicupcakes. Decorar con las estrellitas de azúcar.

*El marshmallow fluff es una crema de malvavisco o nubes de golosina que puede adquirirse en tiendas especializadas en repostería o en grandes superficies.

Minicupcakes de refresco de cola

INGREDIENTES

Para 24 unidades

Dificultad: media

Tiempo: 3 horas

- 1 l de refresco de cola
- 100 ml de aceite de girasol
- 100 ml de leche
- 100 g de azúcar
- 225 g de harina de repostería
- 60 g de caramelos de cola
- 2 huevos
- 1/2 sobrecito de levadura química
- sal

Para la cobertura:

- 100 g de claras de huevo pasteurizadas
- 200 g de azúcar glas
- 250 g de mantequilla

Para la decoración:

- 24 cápsulas de papel pequeñas
- 24 botellitas de fondant

PREPARACIÓN

1. Sacar la mantequilla del frigorífico 20 minutos antes de comenzar la receta.

2. Precalentar el horno a 175 °C.

3. Poner una cazuela al fuego con el refresco y cocerlo a fuego lento durante 2 horas, hasta que se haya reducido bastante. Pasado ese tiempo, remover de vez en cuando para evitar que se queme y conseguir un jarabe espeso. Retirarlo del fuego y reservarlo en una botella.

4. En un mortero, desmenuzar los caramelos y reservar.

5. Tamizar en un cuenco la harina y una pizca de sal junto con la levadura; reservar. Poner un cazo al fuego con la mitad de la leche y los caramelos picados, y remover hasta que estos se disuelvan y se integren con la leche; retirar del fuego y reservar.

6. Echar en un cuenco grande los huevos, el azúcar, el aceite y el resto de la leche y, con unas varillas eléctricas, batir hasta que todo esté bien integrado. A continuación, añadir la mezcla de caramelo y leche, y batir. Añadir 2 cucharadas de reducción de refresco y, sin dejar de batir, incorporar poco a poco la harina, la sal y la levadura tamizadas, hasta obtener una masa homogénea y sin grumos.

7. Preparar un molde de minicupcakes con las cápsulas de papel y repartir la masa hasta cubrir dos tercios de su altura, para que no suban en exceso. Hornear los minicupcakes durante 10-12 minutos. Pasado ese tiempo, sacar el molde del horno y esperar 5 minutos antes de desmoldar los minicupcakes y dejarlos enfriar sobre una rejilla.

8. Cuando se hayan enfriado, vaciar parcialmente los minicupcakes con un descorazonador y rellenarlos con una cucharadita de reducción de refresco de cola. Volver a taparlos con la masa.

9. Para elaborar la cobertura, poner un cazo con agua al fuego y, sobre este, un cuenco con las claras y el azúcar. Batir con unas varillas de mano hasta que el azúcar se haya disuelto. Retirar del fuego y montar las claras con unas varillas eléctricas; cuando formen picos muy firmes y la temperatura haya bajado, añadir la mantequilla sin dejar de batir, hasta obtener una crema espesa.

10. Introducir la mezcla en una manga pastelera con boquilla de estrella de estrías largas y cubrir los minicupcakes. Colocar una botellita de fondant sobre cada cupcake.

Minicupcakes de Oreo

INGREDIENTES

Para 24 unidades

Dificultad: media

Tiempo: 1 hora y 30 minutos

- 120 g de azúcar
- 180 g de harina de repostería
- 115 g de mantequilla
- 60 ml de leche
- 3 huevos
- 2 ½ cucharadas de cacao en polvo
- 1 cucharadita de levadura
- 1 cucharadita de esencia de vainilla
- 6 galletas tipo Oreo

Para la cobertura:

- 220 g de mantequilla
- 400 g de azúcar glas
- 1 cucharadita de esencia de vainilla
- 30 ml de leche
- 5 galletas tipo Oreo

Para la decoración:

- 24 cápsulas de papel pequeñas
- 6 galletas tipo Oreo

PREPARACIÓN

1 Sacar la mantequilla del frigorífico 20 minutos antes de comenzar la receta.

2 Precalentar el horno a 175 °C.

3 Echar en un cuenco la leche y la esencia de vainilla, y mezclar con una cuchara de madera; reservar.

4 En un mortero, triturar las galletas. Echar en un cuenco 6 cucharadas de este triturado y tamizar encima la harina, el cacao y la levadura; mezclar y reservar.

5 En otro cuenco, batir juntos el azúcar y la mantequilla con unas varillas eléctricas, hasta conseguir una textura cremosa. A continuación, añadir los huevos, de uno en uno, y la mitad de la mezcla de harina, cacao, levadura y galletas; batir hasta que se integren todos los ingredientes. Después, añadir la leche vainillada y la otra mitad de los ingredientes secos; batir de nuevo hasta conseguir una masa de textura muy homogénea y sin grumos.

6 Preparar un molde de minicupcakes con veinticuatro cápsulas de papel y repartir la masa hasta llenar dos tercios de su altura, para que no suban en exceso. Hornear los minicupcakes durante 10-12 minutos. Pasado ese tiempo, sacar el molde del horno y esperar 5 minutos antes de desmoldar los minicupcakes y dejarlos enfriar sobre una rejilla.

7 Para elaborar la cobertura, triturar las galletas en un mortero y tamizarlas. Echar en un cuenco 4 cucharadas de galletas trituradas, la mantequilla, el azúcar glas, la leche y la esencia de vainilla: batir durante 1 minuto a velocidad baja, y 4 minutos más a velocidad alta, hasta que todo quede integrado y la textura sea esponjosa. Echar la cobertura en una manga pastelera con boquilla rizada y cubrir los minicupcakes.

8 Para decorar, cortar con mucho cuidado las seis galletas en cuatro partes y poner un cuarto sobre cada minicupcake.

Minicupcakes de chocolate blanco

INGREDIENTES

Para 24 unidades

Dificultad: media

Tiempo: 1 hora y 30 minutos

- 115 g de mantequilla
- 60 ml de leche
- 120 g de azúcar
- 200 g de harina de repostería
- 75 g de chocolate blanco
- 3 huevos
- 1 cucharadita de levadura química
- ½ cucharadita de esencia de vainilla

Para la cobertura:

- 60 ml de nata líquida para montar
- 150 g de chocolate blanco

Para la decoración:

- 24 cápsulas de papel pequeñas

PREPARACIÓN

1 Sacar la mantequilla del frigorífico 20 minutos antes de comenzar la receta.

2 Precalentar el horno a **175 °C**.

3 Machacar el chocolate blanco en un mortero; reservar.

4 En un cuenco, tamizar la harina junto con la levadura; reservar.

5 Echar en otro cuenco la mantequilla y el azúcar y batirla con unas varillas eléctricas. Añadir los huevos uno a uno y batir hasta que se integren. Sin dejar de hacerlo, agregar la harina y la levadura tamizadas, la leche y la esencia de vainilla. Batir durante 2 minutos más, hasta conseguir una textura homogénea. Incorporar el chocolate blanco y mezclar hasta que se integre en la masa.

6 Preparar un molde de minicupcakes con las cápsulas de papel y repartir la masa hasta cubrir dos tercios de su altura, para que no suban en exceso. Hornear los minicupcakes durante **10-12 minutos**. Pasado ese tiempo, sacar el molde del horno y esperar 5 minutos antes de desmoldar los minicupcakes y dejarlos enfriar sobre una rejilla.

7 Para hacer la cobertura, poner en un cuenco al baño maría el chocolate blanco y la nata líquida; remover de vez en cuando con una cuchara de madera hasta que se funda el chocolate y se integre bien con la nata; dejar enfriar. Una vez fría la cobertura, echarla en una manga pastelera con boquilla de estrella y cubrir la superficie de los minicupcakes.

Minicupcakes de vainilla con trufa

INGREDIENTES

Para 24 unidades

Dificultad: alta

Tiempo: 1 hora (más el tiempo de refrigeración)

- 115 g de mantequilla
- 120 g de azúcar
- 60 ml de leche
- 200 g de harina de repostería
- 3 huevos
- 1 cucharadita de levadura química
- 1 cucharada de aroma de vainilla

Para la cobertura:

- 200 g de nata líquida
- 300 g de chocolate negro para fundir
- 1 cucharada de glucosa

Para la decoración:

- 24 cápsulas de papel pequeñas
- bolitas de colores

PREPARACIÓN

1 Antes de empezar con la receta, elaborar la cobertura de trufa: cortar el chocolate en trocitos muy pequeños y echarlos en un cuenco. Poner un cazo al fuego y calentar la nata con la glucosa hasta que rompa a hervir; remover entonces durante 1 minuto y retirar del fuego. Verter la mezcla sobre el chocolate y, con unas varillas eléctricas, batir hasta que esté bien emulsionado. Dejar reposar en frío durante 24 horas.

2 Sacar la mantequilla del frigorífico 20 minutos antes de comenzar la receta.

3 Precalentar el horno a 175 °C.

4 En un cuenco, tamizar la harina junto con la levadura; reservar.

5 Echar en un cuenco grande la mantequilla, la vainilla y el azúcar y, con unas varillas eléctricas, batir hasta que se integren ambos ingredientes. Añadir los huevos, uno a uno, y seguir batiendo hasta que estén incorporados. Agregar entonces la mitad de la harina y la levadura tamizadas, sin dejar de batir; a continuación, añadir la leche y mezclar de nuevo. Incorporar, por último, el resto de la harina y la levadura tamizadas, y batir hasta conseguir una masa homogénea y sin grumos.

6 Preparar un molde de minicupcakes con veinticuatro cápsulas de papel y repartir la masa hasta cubrir dos tercios de su altura, para que no suban en exceso. Hornear los minicupcakes durante 10-12 minutos. Pasado ese tiempo, sacar el molde del horno y esperar 5 minutos antes de desmoldar los minicupcakes y dejarlos enfriar sobre una rejilla.

7 Introducir la crema de trufa en una manga pastelera con boquilla rizada y cubrir los minicupcakes. Para decorar, rociar con las bolitas de colores.

Cake pops

Cake pops: la repostería hecha diversión

Divertidos, dulces, apasionantes y deliciosos, los cake pops han irrumpido con fuerza en la repostería popular de medio mundo y, aunque quizá no hayan alcanzado la gloria de los cupcakes, están subiendo los peldaños de la fama a pasos agigantados. Hijos del reciclaje, los cake pops son unos dulces muy creativos, versátiles y en los que todo vale. Con tres tipos de masa y un abanico de posibilidades en cuanto a aromas y sabores realmente infinito, estos sofisticados chupachuses nos han encandilado.

¿De dónde surgieron?

Como muchas otras creaciones culinarias, es difícil saber con certeza quién «inventó» los cake pops.

Para dar una explicación aproximada de una de las posibilidades de la autoría, debemos remontarnos al año 1946 y situarnos en Massachusetts, Estados Unidos. Allí, William Rosenberg abrió su primera cafetería, a la que llamó Dunkin Donuts; sí, la famosa cadena. De allí, por supuesto, saldrían los deliciosos pasteles por todos conocidos: los dónuts, con su agujero y todo.

Pero no es hasta 1972 cuando se les ocurre una brillante idea a los creativos de esta cadena: el Munchkin, esto es, el agujero del dónut, unas pequeñas bolitas hechas con la misma masa que su «padre», el dónut. Pues bien, este Munchkin puede considerarse a todas luces el primer «cake ball» de la historia, que es precisamente el antecesor del cake pop... ¡tan solo faltaba clavarle un palito y ya lo tenemos! Otra teoría señala que, como ya adelantábamos más arriba, el cake pop es hijo del reciclaje. Cuentan que en una pastelería de Estados Unidos sin determinar pensaron qué hacer con los retales de los bizcochos que elaboraban para sus dulces. A alguien, también indeterminado, se le ocurrió la feliz idea de desmenuzar este bizcocho y mezclarlo con alguna crema, y luego bañar el resultado en una cobertura de chocolate.

Y aún hay más. Robin Ankeny, fundadora de The Cake Ball Company, asegura que es su madre la creadora de los cake balls. De hecho, en 2006

fundó su empresa y desde entonces vende sus cake balls en grandes cantidades en una cadena de supermercados por todo el país. Pero Angie Dudley (Bakerella) se ha autoproclamado la creadora de los cake pops: pinchó un cake ball en un palito y *voilà!* Angie es una *blogger* muy reputada y, aunque puede que no sea la primera repostera en elaborar cake pops, lo cierto es que tiene una gran parte de responsabilidad en la difusión de estos por medio mundo.

El nombre que ha adoptado el cake pop tiene un origen muy sencillo. Por un lado, encontramos la palabra *cake*, 'pastel' en inglés, y por el otro *pop*, que, entre sus muchas acepciones, se puede traducir por 'palito'. Es decir, cake pop no es más que un pastel en un palito.

La evolución de los cake pops

Sea como fuere que se crearon estas delicias, y sea quien sea su creador, los cake pops han tardado muy poco tiempo en

hacerse un hueco en la moda repostera mundial. Hoy en día se consideran uno de los pastelillos más divertidos y sabrosos, y se preparan de mil y una formas. Tal como ocurre con los cupcakes, los cake pops están viviendo su momento dulce gracias sobre todo a la amplia difusión que tienen en la red: son cientos de miles los blogs, páginas web y perfiles en redes sociales que se dedican en exclusiva a este diminuto dulce, y las cifras en este sentido no paran de crecer.

Dada la versatilidad en cuanto a sabores, aromas y decoraciones de los cake pops, la imaginación ha tomado el mando y cada día surgen nuevas variantes en las que tiene cabida casi cualquier ingrediente. Así que, aunque en este libro presentamos una batería de recetas de cake pops dignos de reyes, animamos al lector a probar nuevos sabores, decoraciones y combinaciones, y a atreverse a más... ¡La diversión está asegurada!

Las masas para cake pops

Una de las características que definen a los cake pops es su peculiar masa, que tradicionalmente se elabora a base de restos de un bizcocho ya cocido que se mezclan con buttercream (crema de mantequilla) o frosting de queso crema. No obstante, también se pueden preparar cake pops usando solamente bizcocho elaborado para la ocasión en una máquina ideada para este fin o en moldes esféricos; de este modo se gana en esponjosidad y se reducen las calorías, pues se obvia la crema de mantequilla. Los amantes de estos dulces se dividen a partes iguales entre una y otra masa: más tradicional o más innovadora, pero las dos con unos resultados magníficos.

Masa tradicional para cake pops

Esta masa tiene muchas ventajas. Por un lado, y quizá sea lo más destacado, es una excelente forma de dar salida a las sobras de un bizcocho. Si tenemos en mente que en algún momento las emplearemos para hacer cake pops, una fantástica forma de reunir la cantidad necesaria es ir congelando los trozos de bizcocho que vayan sobrando. Esto evita tener que emplear el horno a la hora de preparar los cake pops, por lo que el ahorro de tiempo y energía es considerable... ¡y hay menos cacharros que fregar!

No obstante, también es posible elaborar el bizcocho a propósito para hacer los cake pops... En este caso una ventaja es que podemos dar al bizcocho el sabor que se nos antoje o agregarle otros alimentos para realzar su aroma. Tanto si se hacen con restos como con un bizcocho preparado para la ocasión, necesitaremos una crema que las ligue (buttercream o de otro tipo) y realizaremos las bolas con las manos.

Sin embargo, este tipo de masa (bizcocho + crema) también tiene sus inconvenientes. El principal es que puede resultar muy pesada, pues la cantidad de mantequilla que se emplea para elaborar la crema que liga el bizcocho es considerable. Otra de las desventajas es que las bolas, al hacerlas con las manos, no quedan del mismo tamaño ni de la misma forma exacta —aunque esto se puede solventar en parte pesando cada bola en una báscula de cocina—. No obstante, el encanto de la imperfección es quizá lo que hace de los cake pops elaborados con esta masa los preferidos de los amantes de estos dulces. Veamos en detalle cómo preparar la masa.

PASO 1

Desmenuzar con las manos finamente el bizcocho hasta que tenga una textura semejante a la de la arena.

PASO 2

Preparar una buttercream (o cualquier otro tipo de crema) del sabor y color que se desee. La textura de la crema debe ser la misma que la de una cobertura para cupcakes, es decir, tiene que ser densa.

PASO 3

Agregar al cuenco del bizcocho desmenuzado la cantidad de crema necesaria y mezclar bien hasta que las dos preparaciones se hayan integrado por completo. Amasar con las manos para que la preparación esté bien trabajada y su textura sea homogénea.

PASO 4

Coger trozos de masa para formar bolas del tamaño de una ciruela. Quedarán más uniformes si los trozos de masa se pesan antes de darles la forma deseada: esfera, cono, cuadrado... Ir depositando los cake pops en una bandeja cubierta con papel de horno y meterlos en el frigorífico hasta que la masa se haya asentado.

Cake pops

cake pops masas

Masa de cake pops para moldes y máquina

Esta masa, como se ha dicho, es mucho más ligera que la tradicional: no lleva más que bizcocho, así que tanto la textura como el sabor son completamente distintos. Se elabora de la misma forma que las masas para bizcocho, magdalenas, etc., pero hay dos maneras de cocerla.

Moldes de silicona

El primer sistema es emplear moldes especiales para hacer cake pops. Son moldes de silicona que, una vez rellenados con la masa, se cierran y se introducen en el horno, donde la masa se cuece. Una vez hechos, se abren los moldes y ya están listas las bolas de bizcocho, preparadas para bañarlas en la cobertura correspondiente.

Máquina

El segundo sistema es un tanto más sofisticado, pues existe un aparato especial que prepara los cake pops al instante. La masa es la misma (la de bizcocho, magdalena, muffin...), pero en vez de usar un molde y cocer en el horno, se rellenan los huecos de la máquina, se cierra y se cuecen en cuestión de minutos. Se trata de un aparato con el mismo sistema, por ejemplo, que los que se usan para preparar gofres, pero en vez de una «plancha» aquí lo que tenemos son cavidades esféricas.

Veamos a continuación un paso a paso de cómo preparar la masa para cake pops con moldes de silicona.

PASO 1

Preparar la masa de bizcocho del modo habitual, del sabor y el color que se desee.

PASO 2

Rellenar los huecos del molde de silicona pero sin que sobresalga la masa, justo hasta donde indique el fabricante del molde. En este caso no hace falta pesar la cantidad de masa de cada cake pop, ya que es el mismo molde el que indica la cantidad exacta. Con ello se consiguen bolas de bizcocho idénticas.

PASO 3

Cerrar el molde herméticamente, con los cierres de seguridad bien apretados. Esto es imprescindible para poder asegurar que la masa, al subir durante la cocción, no se desborde, sino que se expanda hacia arriba, respetando la forma esférica, lo que dará como resultado unos cake pops perfectos, del mismo tamaño y forma.

PASO 4

Una vez que haya pasado el tiempo de cocción, retirar el molde del horno y abrirlo. Dejar enfriar por completo los cake pops en el molde: es la manera de asegurarse de que la forma esférica queda intacta. Una vez fríos ya estarán listos para cubrirlos con la cobertura elegida.

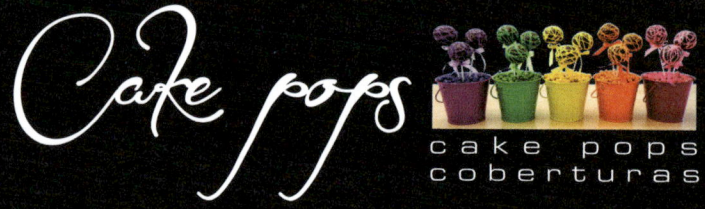
Las coberturas para cake pops

En esta sección, los protagonistas indudables van a ser los Candy Melts («caramelos para fundir», literalmente), unas pequeñas grageas de algo parecido al chocolate que se adquieren en tiendas especializadas en productos de repostería, aunque cada vez se ven más en las grandes superficies. Los venden de colores muy variados y aromatizados con un sinfín de sabores. Se trata de un sustituto ideal del clásico chocolate para fundir, aunque este no debe caer tampoco en el olvido, pues su calidad suele ser muy superior.

Cobertura «a la americana» (Candy Melts) versus cobertura tradicional (chocolate)

A pesar de que los **Candy Melts** (se denominan también *candy coating* o *candy waffers*) son muy prácticos para cubrir un sinfín de dulces, la verdad es que se diría que los inventaron para cubrir sobre todo cake pops. Pero como no es oro todo lo que reluce, una cobertura hecha solo con Candy Melts tiene sus inconvenientes: se endurece más rápido y a menos temperatura que el chocolate, y además la capa de cobertura queda más gruesa, por lo que siempre es preferible fundir los Candy Melts con un poco de leche; de esta forma, la cobertura queda mucho más maleable y al morder los cake pops la sensación es más agradable. No obstante, para añadir cualquier ingrediente húmedo (no así graso, como la mantequilla) a una cobertura de chocolate, incluyendo a los Candy Melts, hay que tener cierta experiencia, pues puede estropearse con facilidad. Si se hace, el chocolate debe estar caliente y ya fundido, y cuando se incorpore el líquido hay que remover enérgicamente para que se integre lo más rápido posible.

Una de las grandes ventajas de los Candy Melts es que, precisamente por ser más espesos que el chocolate, resultan mucho más prácticos a la hora de decorar los cake pops, pues una capa gruesa de cobertura aguanta mucho más el peso extra de los elementos de la decoración. Sin embargo, por esta misma razón y porque se endurecen más rápido, hay que trabajar con ligereza a la hora de cubrir las bolas con Candy Melts, por lo que no es recomendable fundir mucha cantidad a la vez, sino por tandas.

En cuanto a la **cobertura de chocolate tradicional**, lo primero que hay que tener en cuenta es el tipo de chocolate que se debe emplear. Para el chocolate negro y el chocolate con leche hay un sinfín de posibilidades en los estantes de los supermercados. Pero para el chocolate blanco la cosa no está tan clara, pues no siempre hallamos en las tiendas una versión para cobertura. No obstante, es fácil comprarlo por Internet.

Por regla general, es mejor emplear pepitas de chocolate, es decir, esas gotitas endurecidas que se

venden en paquetes. Resulta mucho más cómodo fundir el chocolate de esta forma, pues para fundirlo en tableta hay que desmenuzarlo lo más finamente posible para que se derrita bien. Como ocurre con los Candy Melts, conviene añadir un poco de mantequilla o leche, con el fin de que sea más fluida y, por lo tanto, resulte más

cómodo trabajar con ella. No obstante, no es imprescindible, y hay que recordar que no es fácil integrar un elemento húmedo en el chocolate.

El chocolate blanco se puede teñir del color que se desee, aunque hay que tener en cuenta que el colorante debe contar con una base grasa, es decir, no valen los de base con

agua. Esto es así por la misma razón por la que se debe evitar humedecer el chocolate, pues si no se hace bien y con mucha pericia, se estropea.

En cuanto a los aromas que podríamos añadir al chocolate (ya sea blanco, negro o con leche), nos valdrá la misma condición: deben tener una base grasa.

cake pops
candy melts

Cómo fundir los Candy Melts para hacer una cobertura

Vamos a ver ahora cada uno de los pasos y los instrumentos necesarios a la hora de bañar los cake pops con esta cobertura, que es la más empleada en todo el mundo.

En primer lugar, hay que hablar del recipiente en el que se van a fundir los Candy Melts. Como ocurre con el chocolate tradicional, hay dos maneras principales de fundirlos: en el microondas y al baño maría. Para la primera de ellas, es mejor emplear un cuenco de plástico, pues en uno de cristal o loza se corre el riesgo de que los Candy Melts se quemen. Tras colocar las grageas en el cuenco hay que calentarlas en el microondas durante cortos periodos, de unos 30 segundos, removiendo muy bien entre uno y otro con una espátula. Para tener una idea aproximada, a máxima potencia y para unos

250 g de Candy Melts, suelen ser necesarios 2 minutos.

La otra forma de fundirlos es al baño maría, es decir, poniendo al fuego un cazo con un poco de agua y dentro un cuenco de cristal o loza, en el que irán

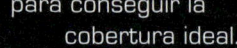

los Candy Melts. El agua no debe llegar a hervir nunca, pues las altas temperaturas son enemigas de una buena cobertura. Además, hay que ir removiendo muy a menudo y, sobre todo, evitar a toda costa que caiga una sola gota de agua sobre los Candy Melts, pues puede estropearlos.

Tras fundirlos con la técnica elegida; llega el momento de cubrir los cake pops. Antes de ello, sin embargo, hay que insertar en la masa el palillo que sostendrá el cake pop. Este paso es extremadamente importante, pues de ello depende que el resultado sea óptimo.

Para que no quede ninguna duda al respecto, veamos a continuación los pasos para bañar los cake pops en cobertura. Aun así, en cada una de las recetas, se recuerda al lector cuáles son los pasos necesarios para conseguir la cobertura ideal.

PASO 1

Hay que tener listas las bolas de masa (que se deben haber refrigerado lo suficiente como para que estén muy firmes), dispuestas en una bandeja. Fundir la cobertura con el sistema elegido, microondas o baño maría. A continuación, insertar la brocheta o el palito de plástico en una bola, sacarlo y untar la punta en la cobertura.

PASO 2

Inmediatamente, insertar la punta untada en la cobertura dentro de la bola de masa, en el mismo agujero que se había practicado, pero sin introducirla demasiado, pues se podría romper la bola de masa. No obstante, hay que insertar el palito lo suficiente como para que la bola quede bien sujeta. Con el tiempo y la experiencia se consigue encontrar el punto exacto.

PASO 3

De inmediato, colocar los cake pops en un soporte adecuado (un trozo de poliespán, por ejemplo, aunque sirven también una maceta rellena de piedras pequeñas, una caja de cartón con agujeritos, etc.).

Introducir los cake pops en el frigorífico durante unos 15 minutos, hasta que la cobertura del palito se haya solidificado por completo. Esto es muy importante, pues de ello depende que la bola se sostenga una vez que esté bañada en la cobertura.

PASO 4

Pasado el tiempo de refrigeración, bañar la bola en la cobertura, sumergiéndola completamente. En el momento de retirarla, dar unos golpecitos suaves en el palito con el fin de que caiga el excedente de cobertura, para que la capa no quede demasiado gruesa.

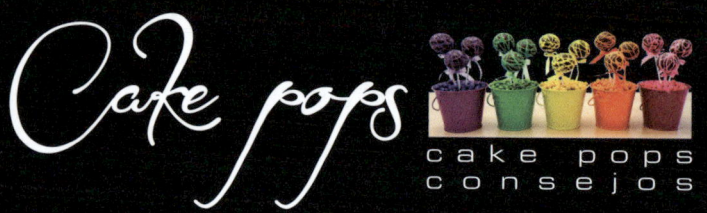

Cake pops

Consejos para hacer los mejores cake pops

Aunque en todo el libro se ha detallado cómo realizar cada paso de la preparación de los cake pops, hay algunos trucos y secretos que hemos dejado para la parte final, así el lector los tendrá en mente cuando se decida a preparar alguna de las deliciosas recetas que se han propuesto. Todos los aspectos de una receta de cake pops deben respetarse, pero unos en mayor medida que otros, así que vale la pena señalar aquellos aspectos que por su importancia deben tenerse más en cuenta.

1. La consistencia

En las recetas de este libro, así como en la mayoría que encontremos en cualquier lugar, se especifica una cantidad de crema del tipo que sea para ligar las migas de bizcocho. No obstante, esta cantidad no siempre es la adecuada, ya que intervienen muchos factores, como la consistencia del bizcocho y de la crema, la temperatura a la que estén ambos o, simplemente, la calidad de los ingredientes con los que se elaboren. Así pues, lo más conveniente es ser precavidos. Tras desmenuzar el bizcocho, hay que ir añadiendo la crema cucharada a cucharada e ir mezclando hasta lograr la consistencia adecuada.

2. El frío

La temperatura de la masa para preparar las bolas es un factor sumamente importante. Tanto en la masa en sí como en las bolas ya preparadas. Aunque hay muchas formas de conseguir una buena consistencia de las bolas (elemental para que no se desmoronen), lo cierto es que la que proponemos a continuación parece dar los mejores resultados: una vez que se ha hecho la masa, es decir, se ha mezclado el bizcocho con la crema escogida, hay que refrigerarla unos 30 minutos en un cuenco, tapada con film transparente. Tras hacer las bolas de masa hay que refrigerarlas, tapadas también con film, durante 1 hora (aunque hay quien aconseja hasta 3 horas). Y fundamental: refrigerar unos 10 minutos una vez que se haya insertado el palito.

3. Las manos húmedas

Esta es una cuestión que muchas veces olvidamos. Para poder formar bien las bolas de masa o darles la forma que deseemos, debemos mantener en todo momento las manos húmedas. Con ello, lograremos trabajar con mucha más facilidad y, sobre todo, conseguiremos que la masa no se nos pegue en las manos. Si esto ocurriera, tendríamos un problema: la superficie de las bolas no quedaría todo lo lisa que es necesario para dar un acabado profesional. Esto es importante también a la hora de cubrir con la cobertura, pues esta no tapará las irregularidades de la superficie de la masa.

4. Mucha paciencia

Para conseguir una cobertura de Candy Melts perfecta, hay que ser sumamente paciente. Todo proceso de fundir cualquier tipo de chocolate (y los Candy Melts lo son) precisa de tiempo y maña. Es preferible fundirlos poco a poco, aumentando la temperatura lentamente en el caso del baño maría y vigilando cada 30 segundos si se funden en el microondas. Si damos demasiado calor, la cobertura se convertirá en una pasta grumosa.

5. La cantidad

La cantidad que empleemos para hacer las bolas es muy importante. No deben ser demasiado pequeñas, pero peor aún es excederse en el peso. Si esto ocurriera, los cake pops se desmoronarían en el momento de clavarlos en los palitos. Conviene tomar una referencia, por ejemplo el tamaño de una ciruela grande, que resulta ideal. No está de más recordar aquí que es preferible pesar todos los trozos de masa con los que elaboremos las bolas, pues eso garantiza su homogeneidad.

6. Pueden congelarse

Si pretendemos preparar los cake pops con antelación porque tenemos que hacer mucha cantidad o porque nuestra agenda solo nos ha dejado un hueco que se anticipa mucho al día en el que deberíamos elaborarlos, los cake pops pueden congelarse sin ningún problema. Lo mejor es que una vez cubiertos, los refrigeremos en el frigorífico durante un par de horas. Tras este tiempo, y una vez guardados herméticamente en algún recipiente, ya estarán listos para congelar. A la hora de descongelarlos, es muy importante que los pasemos al frigorífico para que se descongelen allí, unas 24 horas antes. Si los sacamos del congelador directamente a temperatura ambiente, comenzarán a «sudar» y ni el aspecto, ni el sabor ni la textura serán los mismos.

7. Pinchar lo justo y recto

El paso de pinchar un cake pop es todo un arte, y como tal solo se llega a la perfección a base de mucha práctica. Si se insertan poco los palitos, la bola se caerá tarde o temprano debido a su peso, pues tiene poco soporte para aguantarse. Por otro lado, si se insertan demasiado, irán bajando poco a poco hasta deslizarse del todo, pues la punta habrá traspasado toda la bola también debido al peso de esta. Como todo, el punto justo está en el equilibrio: nunca hay que insertarlos más de la mitad de la bola. Pero, claro, como no podemos verlo, no resulta tan sencillo. Sin embargo, hay un truco: partir una bola por la mitad y medir el radio de esta. Con la medida del radio, podemos marcar con rotulador de tinta comestible todos los palitos e insertarlos solo hasta un poco más allá de la marca, para que esta no se vea. Sí, perderemos una bola, pero nos aseguramos de que el resto nos queden perfectas. Otra de las cuestiones que hay que tener en cuenta es que el palito se debe clavar en la masa totalmente recto. De lo contrario nos ocurrirá lo mismo: la bola acabará por desmoronarse.

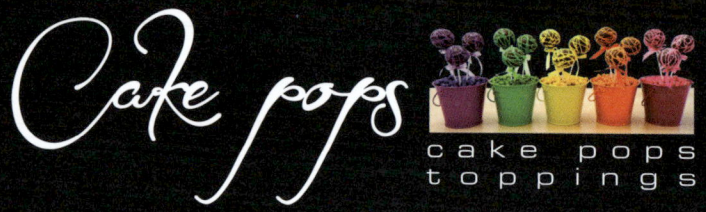

Cake pops

cake pops toppings

¡Al rico topping casero!

Son muchas las posibilidades que encontramos en el mercado para dar color, textura y sabor a nuestros cake pops (y también a los cupcakes). Algunos productos no nos quedará más remedio que comprarlos en tiendas especializadas, aunque cada vez se encuentran más fácilmente en supermercados y grandes superficies; pero otros toppings los tenemos al alcance de la mano: los podemos elaborar con productos que suele haber en muchas cocinas. La clave está en echarle imaginación y probar.

1. Galletas

Las galletas son a la pastelería lo que la llave inglesa es al bricolaje: sirven para casi todo. En el caso de los cake pops tenemos en ellas un aliado sin igual para dar textura a las coberturas. Hay cientos de tipos de galletas en el mercado, y de diversos colores, por lo que el abanico que se nos abre es casi inabarcable. Podemos usar galletas como topping simplemente triturándolas, y en función de si las molemos más o menos, podemos jugar con la textura. Por ejemplo, una galleta de chocolate reducida a polvo es ideal para rebozar una cobertura de chocolate blanco, lo que nos proporcionará un estupendo contraste. Además, no hace falta cubrir toda la superficie del cake pop: si untamos con pegamento comestible solo una parte (incluso de una forma determinada: corazón, estrella, etc.) y luego espolvoreamos sobre el pegamento, el topping se convertirá en una auténtica decoración.

2. Virutas de chocolate

Aunque las virutas de chocolate que venden ya preparadas son muy resultonas y cómodas, si un día nos encontramos con que no tenemos en la despensa, siempre podemos recurrir a un truco casero: rallar un trozo de chocolate y con estas virutas espolvorear la cobertura todavía tibia, para que se peguen. Si las virutas que hemos conseguido hacer son demasiado finas, lo mejor será usar algún tipo de pegamento comestible, pues con el calor residual de la cobertura pueden llegar a fundirse. Vale para ello cualquier tipo de chocolate, ya sea blanco, negro o con leche.

3. Frutos secos

Los frutos secos nos permiten jugar tanto con la textura como con el sabor de nuestros cake pops. Almendras, piñones, nueces, avellanas... todos se pueden triturar más o menos y tendremos un topping sano, sabroso y con mucha presencia. Se pueden emplear tal cual se compran (tostados o crudos), pero también podemos caramelizarlos, lo que supondrá un extra de sabor y de nivel de crujiente.

4. Cereales

Haya o no niños en casa, raro es que en la despensa de cualquier hogar no haya un paquete de cereales para desayuno. Pues bien, son ideales para rebozar los cake pops. Tan solo tendremos que triturarlos y estarán listos para añadirlos a la cobertura. En el mercado venden de todos los gustos, aromas y texturas, ¡e incluso colores!, por lo que el juego que nos proporcionan no tiene límite. Además de ser sanos, su cualidad de crujientes los convierte en favoritos de grandes y pequeños.

5. Frutas escarchadas

Las frutas escarchadas se emplean desde antiguo en repostería. Era y es una forma sana y muy práctica de conservar la fruta, y tenerla a mano durante todo el año. El caso es que las frutas escarchadas son perfectas para decorar y dar sabor y textura a los cake pops. Basta con cortarlas en trocitos diminutos y estarán listas para usar. Como las hay de muchos tipos, desde cerezas hasta calabaza, pasando por melocotón o piña, podemos jugar con los colores y los sabores: si las mezclamos conseguiremos unos deliciosos cake pops de tutifruti.

6. Chucherías

Las chucherías son un elemento a menudo olvidado en la preparación de cake pops: suelen tener un peso demasiado alto como para que la cobertura las aguante. Pero bastará con cortarlas en trocitos para hacerlas ideales para los cake pops más golosos. Las nubes, por ejemplo, son fáciles de cortar con tijeras y, reducidas a trocitos minúsculos, son perfectas para usarlas como topping. Y lo mismo puede decirse de las gominolas y los ositos de goma: darán un toque muy festivo a los cake pops, además de ser visualmente muy divertidos.

cake pops

Cake balls de nubes

INGREDIENTES

Para **12** unidades

Dificultad: media

Tiempo: **45** minutos (más el tiempo de refrigeración y secado)

- 220 g de harina
- 120 g de mantequilla a temperatura ambiente
- 225 g de azúcar
- 225 ml de leche
- 2 huevos medianos
- unas gotas de aroma de nubes de azúcar
- 1 cucharadita de levadura química
- una pizca de sal

Para la cobertura:
- 300 g de chocolate blanco

Para la decoración:
- 100 g de Candy Melts de color azul
- 12 minicápsulas de papel de color azul

PREPARACIÓN

1 Precalentar una máquina de hacer cake pops y untar las cavidades con un poco de mantequilla derretida para evitar que la masa se pegue.

2 En un cuenco, tamizar la harina, la sal y la levadura. En otro cuenco, disponer la mantequilla y el azúcar y, con unas varillas eléctricas, batir hasta que la mezcla quede blanquecina y homogénea. Añadir los huevos de uno en uno y sin dejar de batir. A continuación, incorporar la leche, el aroma de nubes de azúcar y, por último, la harina, la sal y la levadura tamizadas. Batir hasta conseguir una mezcla espesa y suave.

3 Echarla en una manga pastelera y rellenar las cavidades de la máquina de hacer cake pops. Cerrar la tapa y esperar 4-5 minutos. Transcurrido ese tiempo, abrir, y si aún están demasiado blandos, repetir la operación hasta que las bolas de bizcocho estén bien hechas.

4 Una vez listas, sacarlas y dejarlas enfriar sobre una bandeja cubierta con papel de horno.

5 Fundir el chocolate blanco al baño maría. Pinchar las cake balls con un tenedor y bañarlas en el chocolate; escurrirlas dando unos golpecitos. Depositarlas en la bandeja y meterlas en el frigorífico **10** minutos, para que el chocolate se endurezca.

6 Transcurrido ese tiempo, fundir los Candy Melts y dejar que se entibien antes de introducirlos en un biberón; dibujar unas líneas azules en cada cake ball. Dejar que se sequen y luego poner cada cake ball en una cápsula de papel.

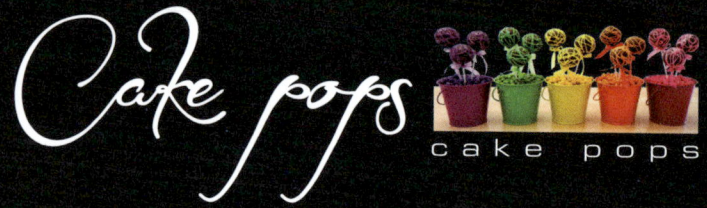

Cake pops de calabaza, canela y cardamomo

INGREDIENTES

Para 12 unidades

Dificultad: media

Tiempo: 1 hora y 30 minutos (más el tiempo de refrigeración y secado)

- 200 g de bizcocho
- 100 g de pulpa de calabaza asada
- 100 g de queso crema
- 30 g de azúcar
- ½ cucharadita de canela en polvo
- ½ cucharadita de cardamomo en polvo

Para la cobertura:

- 200 g de chocolate negro

Para la decoración:

- 12 palitos
- Candy Melts de color naranja y de color azul

PREPARACIÓN

1 Aplastar la calabaza con un tenedor; reservar.

2 En un cuenco, desmigar el bizcocho con las manos y añadir el queso crema, el azúcar, la canela y el cardamomo. Mezclar con las manos y trabajar la masa hasta que tenga una consistencia firme y no quebradiza.

3 A continuación, agregar la calabaza y volver a mezclar hasta que todo quede bien integrado. Introducir el cuenco en el frigorífico y dejar que la masa se refrigere durante 2-3 horas.

4 Pasado ese tiempo, sacar la masa del frigorífico y cubrir una bandeja con papel de horno. Formar con las manos doce bolas del tamaño de una ciruela grande, trabajándolas bien para que queden firmes. Ir depositándolas en la bandeja.

5 Fundir el chocolate negro para cobertura al baño maría. Insertar un palito en cada bola de masa, sacarlos y sumergir un extremo en el chocolate fundido. Inmediatamente, volver a insertar los palitos en el agujero de la masa. Clavar los cake pops en un trozo de poliespán e introducirlos en el frigorífico durante 15 minutos para que el chocolate se solidifique.

6 Pasado ese tiempo, calentar el chocolate negro para que vuelva a estar fluido y bañar los cake pops; escurrirlos bien dando unos golpecitos. Clavar de nuevo los palitos en el poliespán y dejar que se seque el chocolate a temperatura ambiente.

7 Mientras se seca la cobertura, fundir por separado los Candy Melts de color naranja y los de color azul. Echar cada color en un biberón y, cuando se hayan entibiado, proceder a dibujar una especie de telarañas sobre la superficie de los cake pops, alternando los colores. Utilizar un palillo para acabar de dar forma a las telarañas. Dejar que se seque bien la decoración.

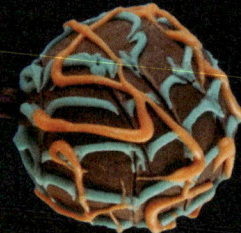

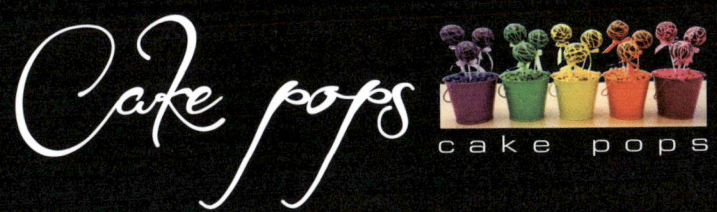

Cake pops

cake pops

Muñequitas de crema de chocolate

INGREDIENTES

Para 12 unidades

Dificultad: alta

Tiempo: 1 hora (más el tiempo de refrigeración y secado)

- 300 g de bizcocho de chocolate
- 2 cucharadas de crema de chocolate

Para la cobertura:

- 200 g de chocolate blanco

Para la decoración:

- 12 palitos
- 250 g de chocolate negro
- 24 ojos de caramelo
- fondant marrón
- pegamento comestible

PREPARACIÓN

1 Desmenuzar el bizcocho con las manos y añadir la crema de chocolate. Trabajar la masa con las manos y mezclar bien hasta que tenga una consistencia firme y no quebradiza.

2 Preparar una bandeja cubriéndola con papel de horno. Formar con las manos bolas del tamaño de una ciruela grande, trabajándolas bien para que queden consistentes. Depositar las bolas en la bandeja y taparlas con film transparente. Meter la bandeja en el frigorífico 15 minutos, para que la masa se compacte.

3 Cuando el tiempo de refrigeración haya concluido, fundir el chocolate blanco para cobertura al baño maría. Sacar las bolas del frigorífico. Insertar un palito a cada una, sacarlos y untarles la punta en el chocolate fundido. Inmediatamente, volver a insertarlos en el agujero de la masa y meter la bandeja en el frigorífico durante 30 minutos.

4 Pasado ese tiempo, retirar la bandeja del frigorífico, calentar de nuevo el chocolate para que recupere su fluidez y bañar en él las bolas de bizcocho; escurrirlas dándoles unos golpecitos. Volver a meter la bandeja en el frigorífico unos 20 minutos, para que el chocolate se endurezca.

5 Transcurrido el tiempo de refrigeración, sacar la bandeja del frigorífico y proceder a decorar las muñecas. Fundir el chocolate negro al baño maría; retirarlo del fuego y reservar. Pegar con pegamento comestible los ojos de caramelo en la cara de las muñecas. Para hacer la nariz, estirar el fondant marrón y modelar doce bolitas pequeñas; pegarlas en su lugar con pegamento comestible. Por último, echar el chocolate negro en una manga pastelera con boquilla rizada y hacer el pelo de las muñecas. Dejar que el chocolate se endurezca a temperatura ambiente.

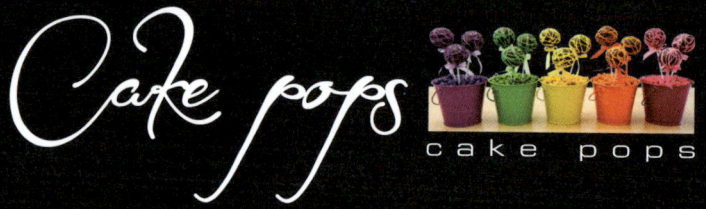

Cake pops fofuchas

INGREDIENTES

Para 12 unidades

Dificultad: media

Tiempo: 1 hora (más el tiempo de refrigeración y secado)

- 70 g de mantequilla a temperatura ambiente
- 70 g de azúcar glas
- 75 g de harina
- 1 cucharadita de levadura química
- 1 huevo

Para la crema:

- 40 g de queso mascarpone
- 70 g de azúcar glas

Para la cobertura:

- 400 g de azúcar glas
- 2 claras de huevo
- ½ cucharadita de zumo de limón

Para la decoración:

- 12 palitos
- 12 cápsulas de papel azules para bombones
- 12 lacitos de color rosa
- cinta de raso de color azul
- rotulador de tinta comestible de color marrón
- pegamento comestible

PREPARACIÓN

1 Precalentar el horno a 175 °C.

2 En un cuenco, echar la mantequilla y el azúcar, y batir con unas varillas eléctricas hasta que se integren y formen una mezcla blanquecina. Agregar el huevo y batir hasta incorporarlo; a continuación, añadir la harina poco a poco y sin dejar de batir; por último, incorporar la levadura.

3 Engrasar un molde con mantequilla y verter la masa. Hornear el bizcocho durante 20-25 minutos. Sacarlo del horno y dejarlo enfriar sobre una rejilla durante 30 minutos. Pasado ese tiempo, desmoldarlo y dejar enfriar por completo. Después, desmenuzar el bizcocho en un cuenco, desechando los bordes más duros.

4 Para preparar la crema, echar en un cuenco el mascarpone y el azúcar glas. Mezclar hasta conseguir una crema homogénea.

5 Añadir la crema al bizcocho, mezclar bien y trabajar la masa hasta que tenga una consistencia firme y no quebradiza.

6 Preparar una bandeja cubriéndola con papel de horno. Formar con las manos doce bolas del tamaño de una ciruela grande, trabajándolas bien para que queden consistentes. Como conviene que tengan exactamente el mismo peso, se recomienda emplear una balanza. Depositar las bolas en la bandeja y taparlas con film transparente. Meter la bandeja en el frigorífico por lo menos durante 1 hora, para que la masa se refrigere bien.

7 Para preparar la cobertura, echar en un cuenco las claras y, con unas varillas eléctricas, batir hasta que blanqueen. Agregar el zumo de limón y batir; a continuación, incorporar el azúcar glas poco a poco y sin dejar de trabajarlo, hasta que todo esté perfectamente integrado.

8 Pasado el tiempo de refrigeración, sacar las bolas del frigorífico e insertar un palito en cada una. Seguidamente, bañarlas en la cobertura y escurrirlas dando unos golpecitos. Clavar los palitos en un trozo de poliespán y dejar secar la cobertura.

9 Una vez que se haya secado, pegar con pegamento comestible una cápsula de papel sobre cada cake pop, a modo de sombrero. Con el rotulador marrón, pintar la cara, los ojos y la boca de las fofuchas. Cortar doce trozos de cinta azul lo suficientemente largos como para hacer un lazo en cada palito. Por último, con pegamento comestible pegar en cada sombrerito un lacito rosa.

Cake pops

cake pops

Inquietantes ojos de anís

INGREDIENTES

Para 12 unidades

Dificultad: alta

Tiempo: 1 hora y 30 minutos (más el tiempo de refrigeración y secado)

- 120 g de mantequilla a temperatura ambiente
- 200 g de harina
- 150 g de azúcar
- 120 ml de leche
- 2 huevos medianos
- 1 cucharadita de levadura química
- 4 gotas de esencia de anís estrellado
- una pizca de sal

Para la cobertura:

- 200 g de chocolate blanco

Para decorar:

- 12 palitos
- fondant blanco, negro y verde
- rotulador de tinta comestible de color rojo
- pegamento comestible

PREPARACIÓN

1 Precalentar la máquina de hacer cake pops y untar las cavidades con un poco de mantequilla para evitar que se pegue la masa.

2 En un cuenco, tamizar la harina y la sal junto con la levadura. En otro cuenco, verter la leche y cuatro gotas de esencia de anís estrellado; mezclar y reservar.

3 Echar en un cuenco aparte la mantequilla y el azúcar y, con unas varillas eléctricas, batir hasta que la mezcla blanquee. A continuación, incorporar los huevos de uno en uno, sin dejar de batir; seguidamente, añadir poco a poco la harina y la levadura tamizadas, alternando con la leche anisada, y batir hasta que se integre todo muy bien y la mezcla resulte homogénea.

4 Introducir la mezcla en una manga pastelera y rellenar las cavidades de la máquina de hacer cake pops. Cerrar la tapa y esperar 7 minutos. Transcurrido ese tiempo, abrir y, si aún están demasiado blandos, repetir la operación hasta que los cake pops estén cocidos. Una vez listos, sacarlos y dejarlos enfriar sobre una bandeja cubierta con papel de horno.

5 Fundir el chocolate blanco para cobertura al baño maría. Insertar los palitos en las bolas de masa, retirarlos y untarles la punta en el chocolate fundido. Inmediatamente, volver a insertarlos en el agujero de la masa y meter la bandeja en el frigorífico durante 10 minutos.

6 Pasado ese tiempo, sacar la bandeja del frigorífico y calentar ligeramente el chocolate. Bañar las bolas en el chocolate blanco y escurrirlas dando unos golpecitos. Clavar los cake pops en un trozo de poliespán para dejar que se seque la cobertura.

7 Para decorar, estirar el fondant verde y recortar doce círculos grandes. Estirar el fondant negro y recortar también doce círculos, pero un poco más pequeños; pegarlos con pegamento comestible sobre los círculos verdes. Estirar el fondant blanco y recortar otros doce círculos, estos mucho más pequeños que los negros, y pegarlos sobre ellos. Una vez que se hayan secado, pegarlos en el centro de los cake pops. Por último, dibujar las venas de los ojos con el rotulador de tinta comestible.

Cupcakes y Cake pops

índice